Blasentang
Seite 12

Seite 13

Blättermoostierchen
Seite 14

Meersenf
Seite 18

Strand-Milchkraut
Seite 19

Strand-Salzmelde
Seite 20

Strand-Grasnelke
Seite 24

Krebse und Stachelhäuter →

Strandkrabbe
Seite 25

Strandfloh
Seite 29

Gemeine Seepocke
Seite 30

Kleiner Strandseeigel
Seite 31

Herzmuschel
Seite 34

Baltische Plattmuschel
Seite 35

Große Pfeffermuschel
Seite 36

Weiße Bohrmuschel
Seite 40

Pazifische Auster
Seite 41

Gemeine Strandschnecke
Seite 42

Holger Haag

Was lebt an Strand und Küste?

entdecken · erkennen · erleben

KOSMOS

Impressum

Mit Illustrationen von:
Marianne Golte-Bechtle/Kosmos: S. 10, 12, 18, 25, 26, 30, 32, 33, 34, 41, 59, 61, 62, 70, 72, 75; Milada Krautmann: S. 80, 86; Alfred Limbrunner: S. 85 und Steffen Walentowitz (alle weiteren Illustrationen).

Mit Farbfotos von:
aldebaran/Fotolia.com: S. 75; Alfred Limbrunner: S. 60; anetlanda/Fotolia.com: S. 91 u.; Arwyn/Dreamstime.com: S. 41; Bruno P. Kremer: S. 8, 42; C_images/Fotolia.com: S. 82 o.; Connfetti/Fotolia.com: S. 77 o.; Dirk R/Fotolia.com: S. 63, 65; Dirk Schories: S. 40, 86, 91 o.; D7INAMI7S/Shutterstock.com: S. 87; fotopro/Fotolia.com: S. 9 o.; Frank Hecker: S. 11, 15, 29, 36, 37, 58, 76, 88, 89; Friedhelm Adam: S. 73; Hannah/Fotolia.com: S. 31; Holger Schmidt/Panthermedia.net: S. 83; I. Arndt: S. 69; Julia Wesenbera/Fotolia.com: S. 2/3; Kerstin Henning/Panthermedia.net: S. 79; Klaus Janke: S. 14, 16, 21, 23, 25, 28, 38, 39, 43, 44, 45, 47, 48, 50–56, 66, 70, 74, 84; Kramer/Fotolia.com: S. 59; Manfred Höfer: S. 89 u.; Manuel Juan Garcia Marquez/Dreamstime.com: S. 34; Martina Berg/Fotolia.com: S. 62; Moritz Mehrlein/absolutpixel.de: S. 18; Mycolors/Dreamstime.com: S. 90; onepony/Fotolia.com: S. 80, 81; PHB/Fotolia.com: S. 57; Reno12/Dreamstime.com: S. 13; Sarina_a/Fotolia.com: S. 77 u.; schachspieler/Fotolia.com: S. 82 u.; Silvia Janisch/Alfred-Wegener-Institut für Polar- und Meeresforschung: S. 78; Steffen Walentowitz: S. 71; Susanne Güttler/Fotolia.com: S. 27; Tom-Hanisch/Fotolia.com: S. 9 u.; Volker Z/Fotolia.com: S. 19

Mit Symbolen von Torsten und Carsten Odenthal, Köln (Landschaftssymbol, Größensymbole).
Mit fünf Symbolen von Sigrid Walter, Würzburg

Umschlaggestaltung von Init GmbH, Bielefeld unter Verwendung eines Fotos von Sven Hoppe/Fotolia.com (Seehund) und Frank Hecker (Mädchen) sowie einer Illustration von Marianne Golte-Bechtle auf der Umschlagrückseite.

Unser gesamtes lieferbares Programm und viele
weitere Informationen zu unseren Büchern,
Spielen, Experimentierkästen, DVDs, Autoren und
Aktivitäten findest du unter **kosmos.de**

MIX
Papier aus verantwortungsvollen Quellen
FSC® C015829

Gedruckt auf chlorfrei gebleichtem Papier

© 2013, Franckh-Kosmos Verlags-GmbH & Co. KG, Stuttgart
Alle Rechte vorbehalten
ISBN: 978-3-440-13613-3
Redaktion: Jana Raasch
Gestaltungskonzept: Britta Petermeyer
Satz: Walter Typografie & Grafik GmbH
Produktion: Verena Schmynec
Printed in Italy / Imprimé en Italie

Haftungsausschluss:
Alle Angaben in diesem Buch erfolgen nach bestem Wissen und Gewissen. Sorgfalt bei der Umsetzung ist indes dennoch geboten. Der Verlag und der Autor übernehmen keinerlei Haftung für Personen-, Sach- oder Vermögensschäden, die aus der Anwendung der vorgestellten Materialien und Methoden entstehen können.

Inhalt

Los geht's!	S. 6 – 9

Pflanzen und Algen	S. 10 – 24

Krebse und Stachelhäuter	S. 25 – 32

Muscheln und Schnecken	S. 33 – 46

Würmer und Quallen	S. 47 – 56

Vögel	S. 57 – 73

Robben	S. 74 – 75

Expedition in die Natur	S. 76 – 91

Register	S. 92 – 93

Los geht's!

Hallo, liebe Küstenfreundin und lieber Küstenfreund!

Bist du gerne am Meer und sammelst Muscheln am Strand oder stürzt dich ins kühle Wasser? Dann begegnest du vielen interessanten Tieren und Pflanzen, die nur dort zu Hause sind! Viele findest du im Spülsaum an der Küste. Nach anderen musst du richtig graben, um sie aufzuspüren. Mit diesem Buch kannst du die 66 häufigsten Arten leicht erkennen und mehr über sie erfahren.

Bestimmen leicht gemacht

Die **Farbleiste** am oberen Rand der Seite steht für die verschiedenen **Tier- und Pflanzengruppen**. Durch die folgenden Symbole findest du dich schnell zurecht:

 Pflanzen und Algen

 Würmer und Quallen

 Krebse und Stachelhäuter

 Vögel

 Muscheln und Schnecken

 Robben

Außerdem findest du auf jeder Seite noch folgende Zeichen:

Der Text neben der Landschaft verrät dir, wo die Tier- oder Pflanzenart lebt oder du sie am ehesten finden kannst: am Strand, im Wattboden, an Hafenmauern oder auf Salzwiesen an der Küste zum Beispiel.

Durch die **farbige Leiste** ganz unten auf der Seite erkennst du auf einen Blick, in welchen Monaten die Art bei uns an der Küste aktiv und am besten zu beobachten ist. Muschelschalen findest du beispielsweise ganzjährig am Strand, während die Ringelgans nur in den Wintermonaten zu Gast ist.

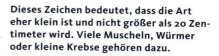

Damit du auf einen Blick abschätzen kannst, wie groß das Tier oder die Pflanze ist, gibt es neben der Größenangabe unten auf der Seite ein Symbol, das dir sofort die ungefähre Größe anzeigt:

 Dieses Zeichen bedeutet, dass die Art eher klein ist und nicht größer als 20 Zentimeter wird. Viele Muscheln, Würmer oder kleine Krebse gehören dazu.

 Siehst du dieses Zeichen, weißt du, dass die Art etwa zwischen 20 und 50 Zentimeter groß ist. Viele Pflanzen oder Vögel fallen zum Beispiel in diese Kategorie.

 Dieses Zeichen steht vor Arten, die größer als 50 Zentimeter sind. Darunter fallen einige Vögel oder Robben.

Anhand der großen **Illustration** bekommst du ein genaues Bild der Pflanze oder des Tieres und kannst die Art so leicht bestimmen. Auf die wichtigsten Merkmale weisen kleine Striche mit Erklärungen hin. Zusätzliche kleine Fotos und Zeichnungen zeigen Details oder Besonderheiten.

Die hellblauen **Wichtig zu wissen!**-Kästen verraten dir interessante Zusatzinfos über die Küstenbewohner. Die grünen **Schau genau!**- und die gelben **Mach mit!**-Kästen geben dir Tipps zum Bestimmen und Selbermachen. In den orangefarbenen **Erstaunlich!**-Kästen findest du verblüffendes Detailwissen oder Rekorde.

Urlaub am Meer

Hier noch ein paar Begriffe, die du kennen solltest, wenn du Urlaub am Meer machst. An der Nordsee wird dir schnell der Wechsel von **Ebbe und Flut** auffallen. Aber wieso ist das Wasser einmal da und dann wieder weg? Das kommt so: Der Mond hat – genauso wie die Erde – eine Anziehungskraft. Die ist zwar nicht so stark, reicht aber aus, um das Wasser der Erde anzuziehen. Auf der Seite der Erde, die dem Mond zugewandt ist, entsteht dadurch ein Wasserberg. Gleichzeitig bildet sich ein zweiter Wasserberg auf der anderen Seite der Erde, dort bleibt das Wasser aus Trägheit etwas zurück. Trifft nun der Wasserberg auf eine Küste, herrscht dort Flut.

8 Los geht's!

Zwischen Ebbe und Flut liegen etwa sechs Stunden, sodass es zweimal täglich Flut und zweimal täglich Ebbe gibt. Bei der Touristeninformation oder in sogenannten Gezeitenkalendern erfährst du die genauen Uhrzeiten – die verschieben sich nämlich täglich etwas. In der Ostsee gibt es kaum Ebbe und Flut – das Meer ist dafür zu klein. Hier hat der Wind mehr Einfluss auf den Wasserstand: Weht der Wind von der Küste weg, sinkt der Wasserstand. Den höchsten Wasserstand bei Flut nennt man **Hochwasserlinie**. Der niedrigste Wasserstand ist die **Niedrigwasserlinie**. Die **Gezeitenzone** ist der Bereich zwischen diesen Linien. Die Flächen, die bei Niedrigwasser trockenfallen, also ohne Wasser sind, werden **Watt** genannt.

> ## Vorsicht!
> Am Meer gibt es einige Verhaltensregeln, die du unbedingt beachten solltest. Gehe nie ohne erfahrenen Wattführer auf die Wattflächen hinaus! Die einsetzende Flut bringt das Wasser sehr schnell zurück und kann dir leicht den Weg ans rettende Ufer abschneiden. Auch zieht rasch Nebel auf, der verhindert, dass du zurückfindest. Bei Gewitter solltest du ohnehin die Nähe zu Wasser sowie offene Flächen meiden, denn ein Blitz kann dich dort leicht treffen.

Ein Priel in einer Salzwiese

Ein **Priel** ist ein natürlicher Wasserlauf im Watt oder in einer Wiese. Da die küstennahen Wiesen regelmäßig von salzigem Meerwasser überspült werden und die Pflanzen mit dem hohen Salzgehalt zurechtkommen müssen, nennt man diese Wiesen auch **Salzwiesen**. Sie liegen meist zwischen Meer und Deich.

In Salzwiesen findest du ganz spezielle Pflanzen.

Nordsee und Ostsee

Neben Ebbe und Flut gibt es noch einen anderen gravierenden Unterschied zwischen Nord- und Ostsee: Die Tier- und Pflanzenwelt ist an der Nordsee viel artenreicher. Das liegt am unterschiedlichen Salzgehalt des Wassers. In der Ostsee nimmt der Salzgehalt immer stärker ab, je weiter man nach Osten kommt. Zum offenen, salzreichen Meer hat die Ostsee nur einen schmalen und flachen Zugang zwischen Schweden, Dänemark und Deutschland. Von dort gelangt nur bei starken Winterstürmen salzreiches Wasser in die Ostsee, während durch die vielen Flüsse ständig Süßwasser in die Ostsee fließt. Die Ostsee ist also ein sogenanntes **„Brackwassermeer"**. Einige Arten wie die Miesmuschel können sich dem geringen Salzgehalt anpassen, aber die meisten kommen nur in der Nordsee oder der westlichen Ostsee vor.

Leuchtturm

Einmalige Natur

Viele Gebiete an der Küste gehören zum Nationalpark und stehen unter Naturschutz. Hier musst du unbedingt auf den Wegen bleiben. Um die Tier- und Pflanzenwelt richtig kennenzulernen, solltest du auf eine der vielen Führungen mitgehen, die von Naturschutzvereinen oder der Kurverwaltung angeboten werden.

Nun aber raus an den Strand und viel Spaß beim Entdecken, Erkennen und Erleben!

Pflanzen und Algen

Der Meersalat

Der Meersalat ist eine Grünalge, die man häufig an der Küste findet. Sie ist leicht an ihren breiten gelappten Blättern zu erkennen, die in der Tat wie Salatblätter aussehen, nur viel dünner und labberiger sind.

Erstaunlich!

Der Meersalat hat seinen Namen nicht nur wegen seines Aussehens bekommen. In einigen Ländern wird er tatsächlich gegessen. Die Alge ist sehr mineralreich und hat viele Vitamine. Die Blätter sind übrigens sehr dünn und bestehen nur aus zwei Zellschichten.

Eigentlich wächst der Meersalat auf steinigem Boden oder an Hafenmauern unter der Wasserlinie. Hier hält sich der Meersalat mit einer kleinen Haftscheibe am Untergrund fest. Er treibt aber auch manchmal im Wasser und wird dann häufig ans Ufer angespült, oder du findest ihn auf den Wattflächen.

Der Meersalat wird wird 10 bis 80 cm lang.

Der Meersalat kommt ganzjährig am Meer vor, ist im Winter aber seltener.

| Jan | Feb | Mär | Apr | Mai | Jun | Jul | Aug | Sep | Okt | Nov | Dez |

Pflanzen und Algen   11

Der Darmtang

Seinen komischen Namen verdankt die Alge dem schlauchförmigen Aussehen. Der Schlauch ist oft mit Luftblasen gefüllt. So steht er aufrecht im Wasser und damit näher am Licht. Die Röhre ist extrem dünn, denn sie besteht nur aus einer Zellschicht. Eigentlich gibt es nicht nur einen Darmtang, sondern mehrere ähnliche Arten. Die meisten lassen sich aber nur unter dem Mikroskop unterscheiden. Die Röhre kann verschieden breit und auch verzweigt sein.

Erstaunlich!

Durch Stürme abgerissene Algen werden ans Ufer gespült und können dort dichte Algenmatten bilden. Bleibt eine Algenmatte länger auf dem Wattboden liegen, dringt nicht mehr genug Sauerstoff in den Boden. Der Boden unter der Matte wird schwärzlich und stinkt nach faulen Eiern (siehe Seite 77).

Der Darmtang ist die häufigste Grünalge in der Nord- und Ostsee. Er wächst im Flachwasser auf harten Untergründen wie Felsen, Steinen, großen Muschelschalen oder Hafenmauern.

Der Darmtang wird bis zu 50 cm lang.

Man kann den Darmtang ganzjährig am Spülsaum finden.

| Jan | Feb | Mär | Apr | Mai | Jun | Jul | Aug | Sep | Okt | Nov | Dez |

Pflanzen und Algen

Der Blasentang

Seinen Namen trägt der Blasentang wegen der vielen luftgefüllten
Bläschen auf seinen blattartigen
Verzweigungen. Die Bläschen sorgen
dafür, dass die Pflanze aufrecht im
Wasser steht und so optimal mit Licht
versorgt wird. Der Blasentang ist
reich verzweigt wie ein kleiner Busch.
Er hält sich mit einer Art Haftscheibe
auf Steinen, Felsen oder Mauern fest.

Schau genau!

Neben den Gasblasen bilden sich
im Sommer noch warzige Bläschen mit einem glibberigen
Inhalt. Sie enthalten die
Geschlechtszellen. Durch
kleine Poren werden
diese ins Wasser abge-
geben. So können sie
die Nachbarpflanzen
befruchten
und neue
Pflanzen
bilden.

Luftbläschen

Haftscheibe

Der Blasentang wächst
bevorzugt innerhalb der Gezeitenzone, das heißt, während
der Ebbe liegt er auf dem
Trockenen. Dann schützt er
sich mit einer Schleimschicht
gegen die Austrocknung. An
der deutschen Nordseeküste
findest du ihn an Hafenmauern
oder auf der Felseninsel Helgoland. In der Ostsee wächst er
auch in größeren Tiefen.

Der Blasentang wird bis zu 100 cm groß.

Der Blasentang kommt ganzjährig vor.

| Jan | Feb | Mär | Apr | Mai | Jun | Jul | Aug | Sep | Okt | Nov | De |

Pflanzen und Algen

Der Fingertang

Wie ein kleines Bäumchen ist der Fingertang in „Wurzel, Stiel und Blatt" aufgeteilt. Am Boden hält sich der Tang mit einer wurzelartigen Haftkralle fest. Dann folgt ein kurzer Stiel mit dem circa 50 Zentimeter breiten „Blatt" (Thallus), das wie eine Hand in viele lange „Finger" geschlitzt ist. Der Fingertang gehört zu den Braunalgen.

Thallus

Stiel

Haftkralle

Erstaunlich!

Braunalgen sind zu richtigen Nutzpflanzen geworden. Auch du hast schon viele Dinge benutzt oder gegessen, in denen Fingertang enthalten ist. Denn aus den Algen werden Alginate (Schleimstoffe) gewonnen und als Stabilisator genutzt. Der wird zum Beispiel für Pudding, Ketchup, Eis oder für Zahncreme gebraucht. Früher wurden die Braunalgen auch als Dünger auf den Feldern ausgebracht.

Der Fingertang braucht einen festen Untergrund. Er wächst knapp unterhalb der Wasserlinie, aber auch noch in sechs Metern Tiefe. Meist findest du ihn angeschwemmt an der Küste, wenn er bei starken Stürmen vom Untergrund abgerissen wurde.

Der Fingertang wird bis 200 cm lang.

Du kannst den Fingertang ganzjährig entdecken.

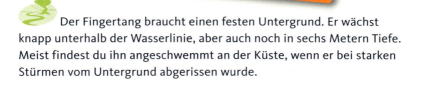

| Jan | Feb | Mär | Apr | Mai | Jun | Jul | Aug | Sep | Okt | Nov | Dez |

Pflanzen und Algen

Das Blättermoostierchen

Es sieht aus wie ein Büschel angespülter Tang, das Blättermoostierchen. Man muss schon sehr genau hinschauen, um zu erkennen, dass es sich nicht um eine Pflanze handelt, sondern um eine Kolonie aus Tausenden von winzigen Tieren. Wie bei einer Bienenwabe bestehen die „Blätter" aus einer doppelten Schicht von Zellen. In jeder Kammer sitzt ein Moostierchen und hält eine kleine Tentakelkrone ins Wasser, die Plankton und andere Nahrung aus dem Wasser herausfiltert.

Eine Blättermoostierchen-Kolonie

Die Kolonien der Blättermoostierchen sitzen auf Steinen, Muschelschalen oder anderem festen Untergrund im Flachwasser der Küsten. In der Ostsee kommt das Blättermoostierchen nur im westlichen Teil vor.

Schau genau!

Auf einer Fläche von rund neun mal neun Zentimetern (in etwa so groß wie ein Pixi-Buch) leben circa eine Million Moostierchen. Du brauchst eine Lupe, um das zu erkennen. Die Tierchen können sich wie eine Pflanze auch durch Knospung vermehren. Dann bilden sie etwa alle vier Tage eine neue Kammer. Ist ein Moostierchen gestorben, wird die leere Kammer durch die Knospung einer Nachbarzelle ersetzt.

Das Blättermoostierchen wird rund 20 cm groß.

Das Blättermoostierchen ist ganzjährig am Meer zu Hause.

| Jan | Feb | Mär | Apr | Mai | Jun | Jul | Aug | Sep | Okt | Nov | Dez |

Pflanzen und Algen

Das Gewöhnliche Seegras

Die einzige Blütenpflanze an unserer Küste, die im Salzwasser wächst, ist das Seegras. Ein richtiges Gras ist es aber nicht, es hat nur grasartige Blätter. Die Blüten sind sehr unauffällig. Sie haben keine bunten Blütenblätter, sondern nur ein Staubblatt und bestäuben sich unter Wasser.

Wichtig zu wissen!

Seegraswiesen sind besonders für viele Fische wichtig: Für den Hering zum Beispiel sind sie eine Art Kinderstube, weil sich die Jungfische im Seegras prima verstecken können. Leider ist das Seegras aufgrund von trüber gewordenem Wasser und einer Pilzkrankheit stark zurückgegangen. Früher wurden im Herbst so große Mengen angespült, dass man damit Dächer gedeckt oder Matratzen gepolstert hat.

Das Seegras verbreitet sich vor allem durch seine Ausläufer.

Das Gewöhnliche Seegras wächst auf Schlick und schlickigen Sandböden im Flachwasserbereich. In geschützten Buchten können große Seegraswiesen bis in fünf Meter Tiefe entstehen. Nur in sehr klarem Wasser wachsen sie in noch tieferem Wasser.

Das Gewöhnliche Seegras wird bis zu 100 cm lang.

Das Gewöhnliche Seegras blüht von Juni bis Oktober.

| Jan | Feb | Mär | Apr | Mai | Jun | Jul | Aug | Sep | Okt | Nov | Dez |

Pflanzen und Algen

Der Queller

Der Stängel und die zu Schuppen reduzierten Blätter des Quellers sind grün und dick. Das schwammige Aussehen liegt am Salzwasser. Denn der Queller versucht, das für Pflanzen giftige Salz in seinen Zellen durch die Aufnahme von Süßwasser zu verdünnen. So werden die Blätter immer dicker. Im Herbst ist der Salzgehalt in den Zellen so hoch, dass die Pflanze abstirbt. Dann färbt sich der Queller rostrot.

Der Queller im Herbst

Der Queller wagt sich am weitesten ins Salzwasser vor und wächst schon an den Stellen, die täglich vom Salzwasser überspült werden. Da kann er große Flächen bedecken und trägt zur Verlandung der Küste bei, weil sich dazwischen Sand ablagert.

Wie ein kleiner, verzweigter Kaktus steht der Queller an der Küste.

Mach mit!

An der Küste wird der Queller gerne gegessen. Er schmeckt leicht salzig und pfeffrig. Ab Mai kannst du ihn sammeln und einem leckeren Salat zugeben oder als Gemüse essen: kurz kochen und dann in Butter schwenken. Deshalb wird er auch Meerfenchel oder Meerspargel genannt.

Der Queller wird bis zu 45 cm groß.

Der Queller kommt von April bis Oktober vor.

| Jan | Feb | Mär | Apr | Mai | Jun | Jul | Aug | Sep | Okt | Nov | Dez |

Pflanzen und Algen

Das Schlickgras

Mit seinen kräftigen Stängeln und starren Blättern ist das Schlickgras eine sehr robuste Pflanze. Das muss sie auch sein, denn ständige Überflutungen dürfen ihr nichts ausmachen. Die Wurzeln reichen sehr tief und bilden lange Ausläufer.

Ähren

Erstaunlich!

Das Schlickgras ist eine recht spät entstandene Grasart. Es hat sich erst vor circa 140 Jahren gebildet und zwar aus einer Kreuzung von zwei anderen Grasarten. Weil es besonders robust ist, wurde es 1927 sogar im Watt angepflanzt, um die Landgewinnung zu beschleunigen. Heutzutage wäre man das Schlickgras lieber wieder los, da es viele andere Arten verdrängt.

Vorsicht! Die gerippten Blätter können sehr scharfkantig sein, Schnittgefahr! Im Spätsommer bilden sich 10 bis 25 Zentimeter lange gelbliche Blütenähren.

Das Schlickgras wächst auf den höher gelegenen Wattflächen als dichter Pflanzenbüschel. Im Bereich der Salzwiesen oder in ruhigen Buchten kann es aber auch große Flächen bedecken. An der Ostsee kommt das Schlickgras nicht vor.

Das Schlickgras wird rund 130 cm hoch.

Das Schlickgras blüht von Juli bis September.

| Jan | Feb | Mär | Apr | Mai | Jun | Jul | Aug | Sep | Okt | Nov | Dez |

Pflanzen und Algen

Der Meersenf

Der Meersenf gehört zu den Kreuzblütlern. Die erkennst du leicht an ihren vier kreuzförmig angeordneten Blütenblättern. Beim Meersenf sind die duftenden Blüten rosa, hellviolett oder weiß. Die Pflanze ist oft reich verzweigt wie ein kleiner Busch. Die dicken Blätter sind sehr unterschiedlich, von ungeteilt bis tief eingeschnitten.

tief eingeschnittenes Blatt

Samenschote

Wichtig zu wissen!

Die Samenschoten des Meersenfs haben ein lufthaltiges Gewebe. Daher können sie lange im Wasser treiben und weite Strecken im Meer zurücklegen. So sind sie imstande, neue Gebiete an der Küste zu erobern. Ein Teil des Pflanzensaftes wird in der Kosmetik für Hautpflegemittel benutzt.

Den Meersenf findest du meist im Spülsaum auf sandigen Böden. Dank der vielen angespülten Algen hat er genug Nährstoffe zum Wachsen. Er wächst an den Küsten von Nord- und Ostsee.

Der Meersenf wird bis zu 40 cm groß.

Der Meersenf blüht von Juli bis Oktober.

| Jan | Feb | Mär | Apr | Mai | Jun | Jul | Aug | Sep | Okt | Nov | Dez |

Pflanzen und Algen 19

Das Strand-Milchkraut

Mit seinen kleinen rosa, glockenförmigen Blüten ist das Milchkraut ein verbreiteter Frühlingsblüher. Wenn du genau hinschaust, erkennst du, dass die Blüten gar keine Blütenblätter haben. Was wie rosa Blütenblätter aussieht, sind die Kelchblätter. Die Stängel kriechen über den Boden oder sind nur leicht aufgerichtet.

Erstaunlich!

Früher glaubten die Leute, dass die Pflanze die Milchleistung ihrer Schafe und Kühe erhöhen würde. Deshalb wurde sie Milchkraut genannt. Heutige Untersuchungen haben aber gezeigt, dass keine milchfördernden Stoffe in der Pflanze enthalten sind. Sie ist höchstens etwas nahrhafter als viele der anderen Salzwiesenpflanzen und gibt dem Vieh mehr Energie.

Das Strand-Milchkraut wächst an den Küsten von Nord- und Ostsee. Du findest es an Stellen, die nur noch selten überflutet werden. Der Boden muss etwas feucht sein.

Das Strand-Milchkraut wird bis zu 20 cm groß.

Das Strand-Milchkraut blüht von Mai bis August.

| Jan | Feb | Mär | Apr | Mai | Jun | Jul | Aug | Sep | Okt | Nov | Dez |

20 Pflanzen und Algen

Die Strand-Salzmelde

Der kleine Strauch ist der einzige in der Salzwiese, der die Winterstürme und den Wellenschlag übersteht. Er ist sozusagen die Mini-Mangrove des Nordens. An den fleischigen, immergrünen, gräulichen Blättern ist die Strand-Salzmelde schon von Weitem gut zu erkennen. Die Blüten bilden kleine, unauffällige grünlich-gelbe Trauben.

Schau genau!

Die Strand-Salzmelde hat eine besondere Möglichkeit entwickelt, das schädliche Salz wieder loszuwerden. In die winzigen Härchen, die du auf der Blattoberfläche erkennst (Lupe) wird das Salz eingelagert und die Härchen dann abgeworfen. Die Blätter sind übrigens essbar. Sie schmecken etwas salzig und ähnlich wie der Gemüse-Portulak. Daher nennt man sie auch Portulak-Keilmelde.

winzige Härchen

An Gräben und den Rändern von Prielen, also Wassergräben in den Salzwiesen, wächst die Strand-Salzmelde besonders gerne. Auch auf sandigen Böden ist sie zu finden. Sind die Salzwiesen von Schafen beweidet, steht sie nur noch an Stellen, an die die Schafe nicht hinkommen. Sie wächst nicht an der Ostsee.

Die Strand-Salzmelde wird bis zu 100 cm hoch.

Die Strand-Salzmelde blüht von Juli bis September.

| Jan | Feb | Mär | Apr | Mai | Jun | Jul | Aug | Sep | Okt | Nov | Dez |

Pflanzen und Algen

Der Strand-Beifuß

Der Strand-Beifuß fällt sofort durch seine silbrige, weißfilzige Behaarung auf. Sie hebt ihn farblich von den anderen Pflanzen deutlich ab. Die dicklichen Blätter sind stark geteilt wie eine Feder. Eher unscheinbar sind die Blütenköpfchen, allerdings verströmt die Pflanze einen sehr aromatischen Duft. Probier es aus und zerreibe ein Blättchen zwischen den Fingern!

Strand-Beifuß kann dichte Bestände bilden.

Den Strand-Beifuß findet man in den Salzwiesen von Nord- und Ostsee. Er steht gerne an Priel- und Grabenrändern.

Schau genau!

Die weiße Behaarung wirkt wie ein Sonnenschutz und verhindert, dass die Pflanze zu viel Wasser verbraucht. Die Haare reflektieren den größten Teil der Sonnenstrahlen, und auch der Wind kann nicht so viel Wasser verdunsten. So braucht die Pflanze weniger Salzwasser. Der aromatische Strand-Beifuß wird auch als Heilpflanze genutzt. Die Blätter schmecken bitter und helfen zum Beispiel als Tee bei Magenbeschwerden.

Der Strand-Beifuß wird bis zu 80 cm groß.

Der Strand-Beifuß blüht von August bis Oktober.

| Jan | Feb | Mär | Apr | Mai | Jun | Jul | Aug | Sep | Okt | Nov | Dez |

Pflanzen und Algen

Die Strand-Aster

Wie beim Gänseblümchen besteht die Blüte bei der Strand-Aster aus vielen kleinen Einzelblüten. In der Mitte sitzen die gelben Blüten und bilden ein Körbchen. Außen herum formen lange Blüten einen blauvioletten Kranz.

Wichtig zu wissen!

Die Blätter der Strand-Aster schmecken nicht nur dem Vieh und vielen Insekten gut, sie können auch vom Menschen als Gemüse gegessen werden. Dabei sollte man darauf achten, nicht die unteren Blätter zu nehmen, denn hier lagert die Strand-Aster das meiste Salz ein. Wird die Salzkonzentration zu hoch, wirft sie die Blätter ab und wird so das giftige Salz los.

gelbe Einzelblüten

blauviolette Einzelblüten

Der Stängel ist reich verzweigt und trägt viele Blüten.

Die Blätter sind länglich mit einem glatten Rand und wie bei vielen Salzpflanzen verdickt.

Die Strand-Aster steht in den Salzwiesen der Nord- und Ostsee. Sie wächst knapp über der Hochwasserlinie und kann viele Überflutungen mit Salzwasser ertragen.

Die Strand-Aster wird 15 bis 70 cm groß.

Die Strand-Aster blüht von Juli bis September.

Jan	Feb	Mär	Apr	Mai	Jun	Jul	Aug	Sep	Okt	Nov	Dez

Pflanzen und Algen

Der Strandflieder

Der Strandflieder wird auch Halligflieder genannt. Die Blütenstände sind stark verzweigt und bestehen aus vielen kleinen violetten Einzelblüten. Im Spätsommer können sie große Flächen in der Salzwiese lila färben. Die ledrigen, länglich ovalen Blätter bilden am Grund eine Rosette, das heißt, die Blätter entspringen alle etwa auf der gleichen Höhe.

Strandflieder in einer Salzwiese

Schau genau!

Der Strandflieder hat wieder eine andere Methode gefunden, um das schädliche Salz aus seinen Blättern loszuwerden. Er hat viele winzige Drüsen auf der Blattoberfläche, über die er das Salz ausscheiden kann. An sonnigen Tagen kannst du mit einer Lupe sogar die kleinen Salzkristalle auf den Blättern erkennen. Das ist für die Pflanze aber eine sehr energieaufwendige Methode.

Aufgrund seiner schönen Blüten wurde der Strandflieder früher gerne gepflückt und war sehr selten. Dank der Nationalparks an der Nordseeküste findest du ihn wieder in großen Beständen in den Salzwiesen. An der Ostseeküste ist er viel seltener.

Der Strandflieder wird 20 bis 50 cm groß.

Der Strandflieder blüht im August und September.

| Jan | Feb | Mär | Apr | Mai | Jun | Jul | Aug | Sep | Okt | Nov | Dez |

Pflanzen und Algen

Die Strand-Grasnelke

Hätte die Strandnelke nicht ein so schön rosa blühendes Blütenköpfchen, würde sie kaum auffallen. Die dünnen, schmalen Blätter sehen nämlich aus wie Gras. Daher auch der Name Strand-Grasnelke. Die Strandnelke bildet dichte Pflanzenbüschel oder wie ein Moos undurchdringliche Polster. Besonders im Mai zeigen sich die Blüten.

Wichtig zu wissen!

Von der Strandnelke gibt es auch Varianten, die im Binnenland wachsen. Dort stehen sie am Straßenrand, wo im Winter viel Salz gestreut wird, oder wachsen auf giftigen schwermetallhaltigen Böden, auf denen sonst kaum etwas anderes wächst. Die Strand-Grasnelke kann die Schwermetalle unschädlich machen und in den Blättern einlagern.

 Die Strandnelke wächst nicht nur in den Salzwiesen, sondern auch auf Dünen oder in Ritzen an der Felsküste. Auch das Abgrasen von Schafen verträgt sie sehr gut, die Blütenstände sind dann meist etwas kürzer als normal.

 Die Strand-Grasnelke wird rund 30 cm groß.

Die Strand-Grasnelke blüht von Mai bis September.

| Jan | Feb | Mär | Apr | Mai | Jun | Jul | Aug | Sep | Okt | Nov | Dez |

Die Strandkrabbe

Der harte gezackte Rückenpanzer hat die Form eines Fünfecks. Mit ihren fünf Beinpaaren rennt sie flink seitwärts über den Boden. Vier der Beinpaare sind zum Laufen da; das erste Beinpaar besteht aus zwei gefährlichen Scheren. Mit der größeren linken Schere kann sie Schnecken oder Muscheln knacken, die kleinere rechte Schere dient zum Zerkleinern und Fressen ihrer Beute. Die Oberseite ist meist grünlich oder bräunlich gefärbt, die Unterseite ist dagegen leuchtend orange-gelb.

Schau genau!

Um zu wachsen, muss sich die Strandkrabbe regelmäßig häuten. Ungefähr einmal im Jahr verlässt sie ihren alten starren Panzer. Die leeren Panzer findest du häufig am Strand. Dank der Häutungen kann sie auch ein abgebrochenes Bein nach und nach wieder ersetzen.

Die Strandkrabbe bewegt sich seitwärts.

Die Strandkrabbe kommt in der Nordsee und im Atlantik von Norwegen bis Marokko vor, in der westlichen Ostsee bis Rügen. Sie lebt auf sandigen und felsigen Böden. Bei Gefahr vergräbt sie sich im Sand oder flüchtet unter einen Stein.

Die Strandkrabbe wird 8 cm breit und 6 cm lang.

Die Strandkrabbe kommt ganzjährig vor, versteckt sich im Winter aber in tieferem Gewässer.

| Jan | Feb | Mär | Apr | Mai | Jun | Jul | Aug | Sep | Okt | Nov | Dez |

Krebse und Stachelhäuter

Der Einsiedlerkrebs

Wenn du am Strand ein Schneckenhaus komisch über den Boden kriechen siehst, steckt vielleicht ein Einsiedlerkrebs darin. Denn beim Einsiedler sind nur der Kopf und die Brust von einem harten Panzer geschützt, der Hinterkörper ist dagegen ganz weich. Um sich zu schützen, zieht er in ein leeres Schneckenhaus ein. Bei Gefahr kann der Einsiedler ganz im Schneckenhaus verschwinden und mit seiner kräftigen rechten Schere den Eingang verschließen.

Einsiedlerkrebs ohne Haus

Der Einsiedlerkrebs lebt unterhalb der Niedrigwasserlinie auf sandigem oder felsigem Untergrund. Am ehesten findest du ihn in Prielen oder Gezeitentümpeln. Er lebt im Atlantik, im Mittelmeer, in der Nordsee und westlichen Ostsee.

Erstaunlich!

Wächst der Einsiedlerkrebs, wird ihm sein Schneckenhaus irgendwann zu klein, und er muss sich ein größeres suchen. Hat er ein passendes gefunden, wechselt er innerhalb von Sekunden das Gehäuse. Die ausgewachsenen Einsiedler wohnen alle in den großen Wellhornschneckenhäusern. Sie leben dann im tieferen Wasser. Am Strand findest du daher die Einsiedler eher in den Gehäusen der kleineren Strandschnecke.

Der Einsiedlerkrebs wird bis zu 10 cm groß.

Der Einsiedlerkrebs kommt ganzjährig vor.

| Jan | Feb | Mär | Apr | Mai | Jun | Jul | Aug | Sep | Okt | Nov | Dez |

Krebse und Stachelhäuter   27

Die Nordseegarnele

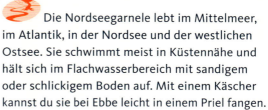

Viele kennen die Nordseegarnele, auch Nordseekrabbe genannt, nur vom Krabbenbrötchen. Doch Krabben sind eher rundliche Krebse mit großen Scheren. Die Nordseegarnele ist dagegen schmal und lang gestreckt, hat kleine Scheren und zwei lange Fühler bzw. Antennen. Am Hinterende sitzt ein lappiger Schwanzfächer. Sie ist sandgrau.

Die Nordseegarnele lebt im Mittelmeer, im Atlantik, in der Nordsee und der westlichen Ostsee. Sie schwimmt meist in Küstennähe und hält sich im Flachwasserbereich mit sandigem oder schlickigem Boden auf. Mit einem Käscher kannst du sie bei Ebbe leicht in einem Priel fangen.

Mach mit!

Versuch ein paar Garnelen mit dem Käscher zu fangen. Nun nimm mehrere Eimer oder Gläser und füll sie mit unterschiedlichen Sachen, zum Beispiel mit Sand, größeren Steinen oder farbigen Muschelschalen. Am Anfang fallen die Garnelen noch auf, weil sie sich vom andersfarbigen Untergrund abheben. Aber mit der Zeit können sie sich dem Untergrund farblich anpassen und sind so wieder gut getarnt.

Die Nordseegarnele wird 6 cm (Männchen) bis 9 cm lang (Weibchen).

Die Nordseegarnele kommt ganzjährig vor, ist im Winter aber in tieferem Gewässer.

| Jan | Feb | Mär | Apr | Mai | Jun | Jul | Aug | Sep | Okt | Nov | Dez |

Der Schlickkrebs

Der häufigste Krebs in der Nord- und Ostsee ist der Schlickkrebs. Zu Tausenden leben die Winzlinge im Boden. Die braungrauen Krebse erkennst du gut an ihren zwei Antennen, die fast so lang sind wie ihr Körper. Sie leben in einer U-förmigen Röhre, die bis zu zehn Zentimeter tief in den Boden reicht. Bei Flut kommen sie an die Oberfläche und kratzen mit ihren Antennen Nahrungspartikel zu ihrer Röhre hin. Dabei ent- entstehen kleine sternförmige Kratzspuren wie unten auf dem Foto zu sehen.

Wie der Name schon sagt, bevorzugen Schlickkrebse schlickige Böden. Sie kommen aber auch in großer Menge in feinen Sandböden vor. Sie leben sowohl in der Gezeitenzone als auch in tieferem Gewässer.

Mach mit!

Um einen Schlickkrebs anzuschauen, musst du ihn ausgraben. Dafür brauchst du eine Schaufel und ein feines Sieb. Wenn du vorsichtig den Wattboden abstichst, entdeckst du vielleicht auch ihre U-förmigen Wohnröhren. Schlickkrebse kannst du auch hören. Sie sind für das sogenannte Wattknistern zuständig, wenn der Wasserfilm zwischen ihren Antennen platzt.

Der Schlickkrebs wird maximal 1 cm lang.

Der Schlickkrebs ist ganzjährig zu finden, im Winter lebt er nur etwas tiefer im Boden.

| Jan | Feb | Mär | Apr | Mai | Jun | Jul | Aug | Sep | Okt | Nov | Dez |

Krebse und Stachelhäuter

Der Strandfloh

Im Spülsaum findest du leicht den Strandfloh. Dafür musst du nur ein paar Algenbüschel oder Holzstücke beiseite legen, denn da verstecken sich die nachtaktiven Tiere tagsüber. Strandflöhe sind sandfarben mit dunklen Augen und einem gekrümmten Rücken. Der Körper ist seitlich zusammengedrückt. Bis zu 30 Zentimeter weit kann der Strandfloh springen. Doch mit Flöhen ist er nicht verwandt, er gehört in die Gruppe der Krebse.

Wichtig zu wissen!

Obwohl er so klein ist und sich tagsüber im Sand vergräbt, ist er ziemlich empfindlich, was Touristen und Strandspaziergänger betrifft. Strände, an denen viel los ist, meidet der Strandfloh. Willst du einen Strandfloh finden, solltest du also lieber einsame Strände mit vielen Algen und Tang aufsuchen.

Der Strandfloh lebt auf Sandstränden im Bereich des Spülsaumes, wo er sich tagsüber im Sand eingräbt oder unter Tang und anderen angespülten Dingen versteckt. Er kommt in der Nord- und Ostsee bis Litauen vor.

Der Strandfloh wird bis zu 2,5 cm lang.

Der Strandfloh ist vor allem zwischen April und Oktober zu sehen.

| Jan | Feb | Mär | Apr | Mai | Jun | Jul | Aug | Sep | Okt | Nov | Dez |

Krebse und Stachelhäuter

Die Gemeine Seepocke

Bis vor 100 Jahren hielt man Seepocken für Muscheln. Heute weiß man, dass sie zur Familie der Krebse gehören. Die kegelförmige Schale wird aus sechs weißen Kalkplatten gebildet. Zwei weitere Kalkplatten verschließen die obere Öffnung. Nur unter Wasser strecken sie ihre gefiederten Fangarme wie einen Fächer aus. Damit filtern sie ihre Nahrung (Plankton) aus dem Wasser.

Wichtig zu wissen!

Auch Schiffsrümpfe bieten einen prima Untergrund, um sich festzuheften. Das freut die Besitzer gar nicht, denn die Schiffe kommen so viel langsamer voran und verbrauchen viel mehr Treibstoff. Früher wurden die Schiffe mit sehr giftigen Farben angestrichen, damit sich keine Seepocke festsetzen konnte. Heute versucht man es mit Farben, die umweltfreundlicher sind.

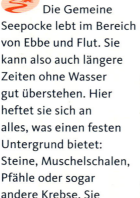

Die Gemeine Seepocke lebt im Bereich von Ebbe und Flut. Sie kann also auch längere Zeiten ohne Wasser gut überstehen. Hier heftet sie sich an alles, was einen festen Untergrund bietet: Steine, Muschelschalen, Pfähle oder sogar andere Krebse. Sie lebt im Atlantik, in der Nordsee und der westlichen Ostsee.

Seepocke auf einem Krebs

Fangarme

Die Gemeine Seepocke wird etwa 1,5 cm breit.

Die Gemeine Seepocke ist ganzjährig am Meer zu Hause.

| Jan | Feb | Mär | Apr | Mai | Jun | Jul | Aug | Sep | Okt | Nov | Dez |

Krebse und Stachelhäuter

Der Kleine Strandseeigel

Meist findest du nur die leeren Schalen des Kleinen Strandseeigels am Strand. Die Schale ist rund und abgeflacht, mit einer großen runden Öffnung auf der Unterseite und einer kleineren Öffnung oben. Die niedrigen Höcker auf der Oberfläche sind die Stellen, an denen beim lebenden Seeigel die kurzen kräftigen Stacheln sitzen. Die Stacheln haben oft rosa oder lila Spitzen. Ansonsten ist der Strandseeigel eher grünlich bis bräunlich.

Unterhalb der Niedrigwasserlinie bis in 30 Meter Tiefe lebt der Strandseeigel auf Felsen, Steinen, Hafenmauern und in Seegraswiesen. Hier grast er die Algen vom Untergrund ab. Er kommt im Atlantik, in der Nordsee und der westlichen Ostsee vor.

Mach mit!

Wenn du die leere Schale eines Seeigels findest, kannst du ein kleines Experiment durchführen, um den eindrucksvollen Bau und die Struktur des Gehäuses sichtbar zu machen. Dafür leuchtest du im Dunkeln mit einer kleinen Taschenlampe in die untere Öffnung des Seeigels hinein.

Der Kleine Strandseeigel wird rund 4,5 cm groß.

Der Kleine Strandseeigel kommt ganzjährig vor, bleibt im Winter aber in tieferem Gewässer.

| Jan | Feb | Mär | Apr | Mai | Jun | Jul | Aug | Sep | Okt | Nov | Dez |

Krebse und Stachelhäuter

Der Gemeine Seestern

An seinen fünf dicken Armen kannst du den Gemeinen Seestern leicht erkennen. Die sogenannte Körperscheibe in der Mitte, mit dem Mund, ist relativ klein. Die Oberfläche trägt kurze Stacheln und fühlt sich wie Schmirgelpapier an. Auf der Unterseite der Arme sitzen vier Reihen mit Füßchen, die kleine Saugnäpfe tragen. Die Farbe ist sehr variabel, meist orangebraun, aber auch hellgelb, violett, grünlich oder fast schwarz.

Erstaunlich!

Auf der Speisekarte des Seesterns stehen Miesmuscheln ganz oben. Um sie zu öffnen, braucht der Seestern viel Ausdauer. Mit seinen Armen und Saugfüßchen heftet er sich an die Schalenklappen und zieht sie auseinander. Das kann oft mehrere Stunden dauern, bis der Miesmuschel die Kraft ausgeht.

Miesmuschel

Unterseite des Seesterns mit Fangarmen

Der Gemeine Seestern lebt unterhalb der Niedrigwasserlinie bis in 200 Meter Tiefe. Meist auf Felsen, steinigem Sandgrund oder Miesmuschelbänken. Er ist der häufigste Seestern im Atlantik und der Nordsee. In der westlichen Ostsee kommt er bis Bornholm vor.

Der Gemeine Seestern wird circa 30 cm groß.

Der Gemeine Seestern kommt ganzjährig vor.

| Jan | Feb | Mär | Apr | Mai | Jun | Jul | Aug | Sep | Okt | Nov | De |

Muscheln und Schnecken 33

Die Miesmuschel

An der blauschwarzen Farbe und der länglich dreieckigen Form erkennst du die Miesmuschel. Die Innenseite der Schale schimmert schön perlmuttfarben. Im Gegensatz zu den meisten anderen Muscheln lebt sie oberirdisch. Um nicht von der Flut an Land gespült zu werden, muss sie sich irgendwo festhalten. Dafür kann sie extrem klebrige Fäden, sogenannte „Byssusfäden", spinnen und sich an Steine oder andere Miesmuscheln anheften.

Fuß, mit dem die Fäden am Untergrund festgeklebt werden

Byssusfäden

Die Miesmuschel lebt von der Gezeitenzone bis in mehrere Meter Wassertiefe. Auf dem Wattboden bildet sie große Miesmuschelbänke. Millionen von Miesmuscheln heften sich dann aneinander fest. Diese Miesmuschelbänke werden auch von vielen anderen Arten genutzt. In der Ostsee sind die Muscheln wegen des geringeren Salzgehaltes etwas kleiner.

Erstaunlich!

Einen Liter Wasser kann eine große Miesmuschel in der Stunde filtern. Sie gilt als eine Art Kläranlage der Nordsee. Deshalb darf man Miesmuscheln auch nicht zu jeder Jahreszeit essen. Abgesehen von den Schadstoffen filtern sie auch giftige Algen aus dem Wasser, was zu einer Muschelvergiftung führen kann.

Frische Muscheln

Die Miesmuschel wird bis zu 10 cm groß.

Die Miesmuschel kommt ganzjährig vor.

n	Feb	Mär	Apr	Mai	Jun	Jul	Aug	Sep	Okt	Nov	Dez

Muscheln und Schnecken

Die Herzmuschel

Schau dir eine geschlossene Herzmuschel von der Seite an, dann erkennst du ihren herzförmigen Umriss, dem sie ihren Namen verdankt. Die Muscheloberfläche ist von vielen tiefen Rillen beziehungsweise Rippen überzogen.

Wichtig zu wissen!

In einigen Ländern ist es noch erlaubt, nach Herzmuscheln zu fischen. Dafür wird mit einem schweren Netz der Meeresboden durchgepflügt. Leider werden dabei auch die anderen Tiere im Boden geschädigt. Außerdem fehlt dann vielen Vogel- und Fischarten eine wichtige Nahrungsquelle. Denn Austernfischer oder Knutt fressen am Tag Hunderte von kleinen Muscheln.

Die Farbe der Schale variiert von weiß, schmutziggelb bis bräunlich.

Sie lebt circa ein bis zwei Zentimeter im Sand vergraben und ist wahrscheinlich die häufigste Muschel an der Küste. Mehrere Hundert bis Tausend Herzmuscheln können auf einem Quadratmeter Wattboden vorkommen.

Die Herzmuschel wird bis zu 5 cm groß.

Die Herzmuschel kannst du ganzjährig am Strand finden.

| Jan | Feb | Mär | Apr | Mai | Jun | Jul | Aug | Sep | Okt | Nov | Dez |

Die Baltische Plattmuschel

Die Baltische Plattmuschel wird auch Rote Bohne genannt. Neben den weißlichen, rosa und rötlichen Exemplaren gibt es auch gelbliche oder grünliche Schalen. Die Schale ist flach, leicht zerbrechlich und hat eine ovale bis dreieckige Form.

Drei bis fünf Zentimeter tief lebt die Plattmuschel in sandigen Böden eingegraben. Von dort reichen zwei Siphonen, ihre „Schnorchel", an die Oberfläche. Mit dem einen Sipho strudelt sie Wasser ein und damit Sauerstoff und Nahrung. Aus dem anderen gibt sie das gefilterte Wasser wieder ab.

Mach mit!

Versuch im Wattboden ein paar lebende Herz- oder Plattmuscheln zu finden. Dann leg sie in eine Pfütze auf den Wattboden. Bald solltest du beobachten können, wie sich die Schalenklappen öffnen und eine weiße Zunge herauskommt. Das ist der Fuß der Muschel. Mit dem gräbt sie sich ruck, zuck wieder in den Boden ein. Bei warmem Wetter funktioniert es besonders gut.

Die Baltische Plattmuschel wird bis zu 3 cm groß.

Die Baltische Plattmuschel kommt ganzjährig vor.

| Feb | Mär | Apr | Mai | Jun | Jul | Aug | Sep | Okt | Nov | Dez |

Muscheln und Schnecken

Die Große Pfeffermuschel

Die ovale Schale der Großen Pfeffermuschel ist sehr dünn, zerbrechlich und nur schwach gewölbt. Der Wirbel, also die „Spitze" der Muschel, liegt in der Mitte der Schale. Die weiße oder dunkelgraue Schale ist gestreift. Die Muschel lebt bis zu 15 Zentimeter tief eingegraben im Wattboden. Mit ihren zwei langen Atemschläuchen (Siphonen) erreicht sie die Oberfläche und ihre Nahrung.

Schau genau!

Ein geübtes Auge kann die Spuren der Pfeffermuschel im weichen Schlickboden erkennen. Denn mit ihrem bis zu 25 Zentimeter langen Einströmsipho saugt sie wie ein Staubsauger die Algen von der Oberfläche ab. Dabei entsteht auf dem schlickigen Boden eine sternförmige Fraßspur.

Pfeffermuschel mit dunklen Zuwachsstreifen

Die Pfeffermuschel lebt vor allem in schlickigen Böden eingegraben, von der Gezeitenzone bis in 15 Meter Wassertiefe. Sie kommt in der Nordsee bis in die westliche Ostsee vor.

Die Schale der Großen Pfeffermuschel wird bis zu 6 cm groß.

Die Schalen der Großen Pfeffermuschel findest du das ganze Jahr über am Strand oder im Watt

| Jan | Feb | Mär | Apr | Mai | Jun | Jul | Aug | Sep | Okt | Nov | D |

Muscheln und Schnecken 37

Die Feste Trogmuschel

Wie der Name schon verrät, ist die Schale der festen Trogmuschel besonders dick und fest. Die Schale ist weiß, grau oder bräunlich und hat feine Wachstumsstreifen. Die Muscheln werden bis zu sechs Jahre alt.

Abdrücke der Schließmuskeln

Wichtig zu wissen!

Die Muschel ist nicht nur bei Meeresenten sehr beliebt, die sie tauchend aus dem Wasser holen und fressen. Auch für Menschen war die essbare Muschel früher ein Leckerbissen. Wie die Herzmuschel wird sie mit speziellen Netzen gefischt. Aber in Deutschland wurde die Trogmuschel-Fischerei schon nach wenigen Jahren wieder eingestellt, weil die Bestände stark zurückgegangen sind.

Die Trogmuschel ist knapp unter der Oberfläche im groben Sand eingegraben. Sie lebt von der Gezeitenzone bis in 160 Meter Tiefe von Island bis ins Mittelmeer. Im Winter gräbt sie sich etwas tiefer in den Boden ein.

Die Feste Trogmuschel wird bis zu 5 cm groß.

Die Schale der Festen Trogmuschel kannst du ganzjährig am Strand entdecken.

| Jan | Feb | Mär | Apr | Mai | Jun | Jul | Aug | Sep | Okt | Nov | Dez |

Die Sandklaffmuschel

Die größte Muschel an der Küste erkennst du leicht an ihrer ovalen Form und der schmutzig weißen Schale mit den Wachstumsrillen. Im Gegensatz zu anderen Muschelarten kann sie ihre Schalenklappen nicht vollständig schließen. Das liegt an ihrem langen Sipho, eine Art Schnorchel, den sie bis zur Oberfläche ausfahren kann. Die Sandklaffmuschel lebt bis zu 30 Zentimeter tief im Boden.

Sipho

Schau genau!

Wenn du genau hinschaust, entdeckst du vielleicht, wo eine Sandklaffmuschel lebt. Der dicke Sipho hinterlässt auf der Wattoberfläche ein fingerdickes Loch. Oder du siehst, wie eine kleine Wasserfontäne aus dem Boden herausspritzt. Das passiert, wenn die Muschel ihren langen Sipho blitzschnell einzieht. Vorsicht beim Barfußlaufen! Die Schalenränder sind sehr scharfkantig.

Die Sandklaffmuschel lebt in schlammigen oder sandigen Böden. Die leeren Schalen liegen oft im Spülsaum. In der Nord- und Ostsee existiert sie erst wieder seit circa 400 bis 600 Jahren, nachdem sie dort in der letzten Eiszeit ausgestorben war. Die Wikinger haben sie als Proviant wieder nach Europa gebracht.

An den Rändern von Prielen werden sie oft freigespült.

Die Sandklaffmuschel wird bis zu 15 cm groß.

Die Sandklaffmuschel kommt ganzjährig vor.

| Jan | Feb | Mär | Apr | Mai | Jun | Jul | Aug | Sep | Okt | Nov | D |

Muscheln und Schnecken | 39

Die Amerikanische Schwertmuschel

Erst seit circa 1978 kommt die Amerikanische Schwert- oder Scheidenmuschel in der Nordsee vor. Seitdem hat sie sich rasant ausgebreitet. Die schmalen und langen Muschelschalen sind leicht zu erkennen. Die Schale ist dünn und zerbrechlich und hat eine glatte Oberfläche.

Bei angespülten Schalen blättert oft die dünne bräunliche Haut ab.

Mach mit!

Mit Kleister, Sand und deinen Strandfunden kannst du zu Hause einen tollen Muschelkasten oder ein Muschelbild anfertigen. Den angerührten Kleister vermischst du mit so viel Sand, dass es eine zähflüssige Masse wird. Die streichst du jetzt auf ein Stück feste Pappe oder in einen Holzrahmen. In diese Masse drückst du deine Strandfunde. Nach einigen Tagen ist der Kleister trocken und das Bild fertig.

Die Schwertmuscheln leben unterhalb der Niedrigwasserlinie in sandigen Böden. Dort wohnen sie in einem senkrechten Gang. Bei Gefahr können sie sich schnell in den unteren Teil der Röhre zurückziehen. Sie haben sich bis in die westliche Ostsee ausgebreitet.

Die Amerikanische Schwertmuschel wird bis zu 17 cm groß.

Die Amerikanische Schwertmuschel kommt ganzjährig vor.

| Feb | Mär | Apr | Mai | Jun | Jul | Aug | Sep | Okt | Nov | Dez |

Muscheln und Schnecken

Die Weiße Bohrmuschel

Die Weiße Bohrmuschel hat eine auffällig lang gestreckte und dünnwandige weiße Schale. An dem breiteren Vorderende hat sie kräftige dornenbesetzte Rippen, die am hinteren Ende kleiner werden.

> **Erstaunlich!**
> Eine ähnliche Art ist die Amerikanische Bohrmuschel. Sie kam 1890 mit amerikanischen Zuchtaustern in die Nordsee und hat sich seitdem stark ausgebreitet. Durch ihre bohrenden Tätigkeiten tragen die Bohrmuscheln Ton- und Torfböden ab.

Die Weiße Bohrmuschel sitzt tief im harten Ton.

Mit ihren dornigen Rippen bohrt sich die Weiße Bohrmuschel nicht in weichen Sand, sondern in harte Tonböden, Holzstücke oder sogar in Kreidefelsen. In den bis zu 15 Zentimeter langen Gängen ist sie vor Feinden relativ sicher. Nur ihr langer Sipho reicht bis ins offene Wasser. Man findet sie in der westlichen Ostsee bis Rügen.

Die Weiße Bohrmuschel wird etwa 6 cm groß.

Die Weiße Bohrmuschel kommt ganzjährig vor.

| Jan | Feb | Mär | Apr | Mai | Jun | Jul | Aug | Sep | Okt | Nov | De |

Muscheln und Schnecken

Die Pazifische Auster

Die Pazifische Auster ist oval bis länglich und stark geschuppt. Die Schale ist extrem hart und hat sehr scharfe Kanten. Vorsicht, Schnittgefahr! Im Gegensatz zu den meisten anderen Muscheln sehen die beiden Schalenklappen sehr unterschiedlich aus. Die eine Klappe ist stark gewölbt, während die andere Seite wie ein flacher Deckel aufliegt.

Wie die Miesmuschel lebt die Auster auf der Bodenoberfläche und hält sich an Steinen, Muscheln oder Hafenmauern fest. Einige Miesmuschelfischer und Forscher haben nun die Befürchtung, dass die Austern die Miesmuscheln verdrängen, denn natürliche Feinde hat die Pazifische Auster nicht, wenn sie ausgewachsen ist. Sie kommt nicht in der Ostsee vor.

Erstaunlich!

Nachdem die Europäische Auster in der Nordsee so gut wie ausgestorben war, hat man die größere, aus Japan stammende Pazifische Auster eingeführt, um sie zu züchten. Bisher war man davon ausgegangen, dass es der Austernart in der Nordsee zu kalt ist, um sich fortzupflanzen. Aber durch die Klimaerwärmung ist die Nordsee nun in manchen Jahren warm genug und die Auster hat sich überall ausgebreitet.

Die Pazifische Auster wird 20 cm groß.

Die Pazifische Auster kannst du ganzjährig finden.

| Jan | Feb | Mär | Apr | Mai | Jun | Jul | Aug | Sep | Okt | Nov | Dez |

Muscheln und Schnecken

Die Gemeine Strandschnecke

Das Gehäuse der Strandschnecke ist zugespitzt, graubräunlich und helle Linien ziehen sich um die Schale. Die Schale ist sehr dickwandig und die letzte Windung mit der Öffnung ist deutlich größer als die anderen. Ihre runde Öffnung kann sie mit einem hornigen braunen Deckel (das Operculum), der an ihrem Kriechfuß hängt, verschließen. So kann sie leicht zwei bis drei Wochen ohne Wasser überstehen.

deutlich dickere Windung

Die Strandschnecke lebt vor allem auf festem Untergrund im Bereich der Gezeitenzone, also auf Steinen, Holz oder Hafenmauern. Eher selten ist sie auf sandigem Boden unterwegs, denn hier kann sie sich nicht gut festhalten und droht, mit den Wellen fortgespült zu werden. Sie kommt in der westlichen Ostsee bis Rügen vor.

Wichtig zu wissen!

Schnecken haben eine ganz besondere Zunge, die Radula. Wie bei einer Feile sitzen auf der Zunge lauter kleine Zähnchen, mit der sie ihre Nahrung vom Untergrund abraspeln. So weidet auch die Strandschnecke mit ihrer Radula Algen und kleine Tierchen vom Untergrund ab. Im Winter zieht sie sich in tieferes Wasser zurück, um vor Frost geschützt zu sein.

Die Gemeine Strandschnecke wird 3 cm groß.

Die Gemeine Strandschnecke kommt ganzjährig vor.

| Jan | Feb | Mär | Apr | Mai | Jun | Jul | Aug | Sep | Okt | Nov | De |

Muscheln und Schnecken 43

Die Stumpfe oder Flache Strandschnecke

Die Stumpfe Strandschnecke ist sehr farbenfroh. Meist ist das Gehäuse zwar graubraun, es kann aber auch leuchtend gelb sein, grünlich, rötlich oder orange. Manchmal ist es auch gebändert oder gefleckt. Im Gegensatz zur Gewöhnlichen Strandschnecke ist die Gewindespitze ganz flach und stumpf.

Schau genau!

Die Farbe des Gehäuses hängt wohl damit zusammen, auf welcher Algenart sie leben und wie die Farbe des Untergrunds ist, auf dem sie kriechen. Helle Schnecken sind eher auf hellen Felsen oder Algen zu finden.

flaches Gehäuse

Im unteren Bereich der Gezeitenzone, der nicht so lange trockenfällt, lebt die Stumpfe Strandschnecke auf Tang. Dort fressen sie die jungen Teile der Alge. Sie lebt in der Nordsee und der westlichen Ostsee, ist in Deutschland aber selten.

Die Stumpfe Strandschnecke wird bis zu 1,5 cm groß.

Das Haus der Stumpfen Strandschnecke findest du ganzjährig am Spülsaum und dem Watt.

| Jan | Feb | Mär | Apr | Mai | Jun | Jul | Aug | Sep | Okt | Nov | Dez |

Muscheln und Schnecken

Die Wattschnecke

Die Wattschnecke ist eine sehr kleine Schnecke, die nur so groß wie ein Reiskorn wird: Das Gehäuse ist spitz zulaufend und hat sieben Windungen, die du nur durch eine Lupe erkennst.

Die Farbe ist gelb bis dunkelbraun.

Erstaunlich!

Um größere Strecken zurückzulegen, lässt sich die Wattschnecke mit der Strömung davontreiben. Dafür sondert sie ein Schleimband ab und heftet sich damit unter der Wasseroberfläche fest. So kann sie mit ihrem Schleimfloß, kopfüber hängend, mehrere Kilometer mit der Flut wegtreiben.

Die Wattschnecke lebt auf sandigem und schlickigem Boden vom Gezeitenbereich bis in zehn Meter Wassertiefe. Bei Niedrigwasser grast sie die Oberfläche nach winzigen Algen ab oder gräbt sich im Boden ein. Sie ist die häufigste Schnecke, und auf wenigen Quadratmetern kommen oft Zehntausende von ihnen vor.

Die Wattschnecke wird rund 1 cm groß.

Die Wattschnecke kannst du das ganze Jahr über finden.

| Jan | Feb | Mär | Apr | Mai | Jun | Jul | Aug | Sep | Okt | Nov | Dez |

Muscheln und Schnecken

Die Wellhornschnecke

Die Wellhornschnecke ist die größte Schnecke in der Nord- und Ostsee. Das kegelförmige gelblichbraune Gehäuse ist leicht gewellt. Je nach Untergrund, auf dem die Schnecke lebt, wird die Schale unterschiedlich dick. Auf felsigem Boden ist sie besonders fest. So zerbricht sie nicht, wenn sie von den Wellen gegen die Steine schlägt. Auf weichem, sandigem Boden ist das Gehäuse dagegen deutlich dünner.

Wichtig zu wissen!

Am Strand findest du häufig ein gelblichweißes, luftiges Gebilde aus lauter rundlichen Kapseln. Das sind die leeren Laichballen der Wellhornschnecke. Aber nur aus circa zehn der vielen Eier schlüpfen kleine Wellhornschnecken. Die restlichen Eier dienen den Babyschnecken als Nahrung.

Meist findest du am Strand nur die leeren angespülten Gehäuse, denn die Wellhornschnecke lebt unterhalb der Wasserlinie bis in mehrere 100 Meter Tiefe. Sie ist ein Fleisch- und Aasfresser. Mit ihrem guten Geruchssinn findet sie leicht ihre Beute. Als Aasfresser ist sie sehr wichtig, denn so säubert sie das Meer von toten Tieren.

Die Wellhornschnecke wird bis zu 11 cm groß.

Die Wellhornschnecke kommt ganzjährig vor.

| Jan | Feb | Mär | Apr | Mai | Jun | Jul | Aug | Sep | Okt | Nov | Dez |

Muscheln und Schnecken

Die Pantoffelschnecke

Das kappenförmige, gekrümmte Gehäuse sieht eher wie eine Muschelschale aus und nicht wie ein typisches Schneckenhaus. Die Innenseite wird zur Hälfte von einer weißen Platte verdeckt, sodass die Schnecke tatsächlich einem kleinen Pantoffel ähnelt. Zum Fressen spannt sie wie eine Spinne kurze schleimige Fäden aus. Nach einer Weile werden die Fäden mitsamt dem eingefangenen Futter, dem Plankton, wieder aufgefressen.

Die Pantoffelschnecke lebt auf Felsen, Hafenmauern oder auf Miesmuschel- oder Austernbänken. Kommt bis in die westliche Ostsee vor. Ursprünglich stammt sie aus Nordamerika, wurde aber vor rund 100 Jahren mit Austern in die Nordsee eingeschleppt.

Schau genau!

Entdeckst du lebende Pantoffelschnecken, haften sie oft wie eine lange Kette aneinander. Am Anfang ihres Lebens sind Pantoffelschnecken nämlich immer Männchen. Um sich zu vermehren, kriecht eine Schnecke auf die andere drauf. Die untere wandelt sich dann zu einem Weibchen um. So bilden sich lange Ketten, bei denen die unteren Schnecken immer Weibchen sind.

Die Pantoffelschnecke wird etwa 5 cm groß.

Die Schale der Pantoffelschnecke lässt sich das ganze Jahr über am Strand finden.

| Jan | Feb | Mär | Apr | Mai | Jun | Jul | Aug | Sep | Okt | Nov | Dez |

Würmer und Quallen

Der Wattwurm

Der fingerdicke rotbraune Wattwurm ist leicht zu erkennen. Wenn du genau hinschaust, siehst du drei unterschiedliche Körperabschnitte. Vorne sind der Kopf und sieben Segmente, die Borsten tragen. In der Mitte folgen 13 Segmente mit Borsten und roten Kiemenbüscheln. Zum Schluss folgt der dünne Schwanz mit circa 90 Segmenten.

Erstaunlich!

Im Laufe der Zeit wird der Wattwurm immer kürzer, denn er hat viele Feinde, die ihn gerne fressen. Zum Glück besteht sein Schwanz aus vielen kurzen Segmenten, von denen er sich trennen kann. Packt ihn ein Vogel oder ein Fisch am Schwanzende, wirft er diese Segmente ab und verkriecht sich schnell in den unteren Teil seiner Wohnröhre. So kann er mehrere Angriffe überstehen.

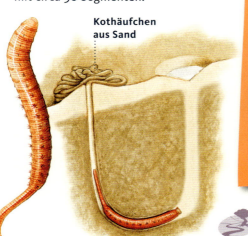

Kothäufchen aus Sand

Hier lebt ein Wattwurm.

Die Spuren des Wattwurms siehst du überall auf dem Wattboden als kleine Sandkringel. Unter diesen „Spaghettihaufen" lebt der Wattwurm circa 20 bis 30 Zentimeter tief in einer J-förmigen Röhre. Hier frisst er den Sand und verdaut die tierischen und pflanzlichen Teile im Sand. An der Bodenoberfläche entsteht so ein kleiner Einsturztrichter. Den Sand gibt er alle 45 Minuten als Sandkringel auf dem Wattboden ab.

Der Wattwurm wird bis zu 30 cm lang.

Der Wattwurm kommt ganzjährig vor.

| Jan | Feb | Mär | Apr | Mai | Jun | Jul | Aug | Sep | Okt | Nov | Dez |

48 Würmer und Quallen

Der Kotpillenwurm

Ein sehr langer und dünner Wurm. Er ist nur circa einen Millimeter dick und rot gefärbt. Wie der Wattwurm hinterlässt der Kotpillenwurm auf der Wattoberfläche seine Spuren. Sie bestehen aus kleinen schwarzen Kügelchen.

Wichtig zu wissen!

Aufgrund seiner roten Farbe und seiner Dehnbarkeit wird er auch scherzhaft „Gummibandwurm" genannt. Aber Vorsicht beim Ausgraben, obwohl er so elastisch ist, zerreißt er leicht. Um in dieser sauerstoffarmen Zone des Bodens zu leben, hat der Kotpillenwurm besonderes Blut, das den Sauerstoff sehr fest an sich bindet.

Der Kotpillenwurm lebt vor allem im Schlickwatt. Hier können bis zu 7 000 Kotpillenwürmer pro Quadratmeter vorkommen. In dem schwarz gefärbten, sauerstoffarmen Boden legt er ein verzweigtes Gangsystem an. Die Gänge sind mit Schleim verkleidet und bleiben so stabil.

Der Kotpillenwurm wird circa 10 cm lang.

Der Kotpillenwurm kommt ganzjährig vor.

Jan | Feb | Mär | Apr | Mai | Jun | Jul | Aug | Sep | Okt | Nov | Dez

Würmer und Quallen 49

Der Seeringelwurm

Gräbst du im Wattboden, wirst du bald auf diesen farbenfrohen Gesellen treffen. Denn den Seeringelwurm gibt es nicht nur in Orangerot, sondern auch in gelblichen und grünlichen Varianten. Der Seeringelwurm besteht aus circa 120 Segmenten mit jeweils zwei Stummelfüßchen. Auffällig ist auch die rot durchschimmernde Ader auf dem Rücken.

Ader ······

Kopftentakeln, mit denen sich der Wurm orientiert

Kieferzangen zum Ergreifen von Beute

Wichtig zu wissen!

Sein Gangsystem nutzt der Seeringelwurm zum Fang von Nahrung. Dafür spannt er in einem Gang ein Netz aus feinen Schleimfäden. Dann erzeugt er mit schlängelnden Bewegungen einen Wasserstrom im Gang, damit sich Algen und kleine Tierchen im Netz verfangen. Zum Schluss frisst er sein Schleimnetz einfach wieder auf.

Der Seeringelwurm lebt vor allem in schlickigen Böden, in geringerer Anzahl auch in Sandböden. Er baut sich ein verzweigtes Gangsystem.

Der Seeringelwurm wird 10 bis 20 cm lang.

Den Seeringelwurm kannst du ganzjährig finden.

| Jan | Feb | Mär | Apr | Mai | Jun | Jul | Aug | Sep | Okt | Nov | Dez |

Der Rasenringelwurm

Diesen kleinen Wurm würde man leicht übersehen, wenn nicht ab und zu seine Wohnröhren vom Wasser freigespült würden. Dann bilden die Röhren einen rasenartigen Teppich auf dem Wattboden. Die Röhren reichen bis zu neun Zentimeter in den Boden und sind oft gegabelt. Bei Flut kommt der Wurm an die Oberfläche und tastet mit seinen beiden Tentakeln den Boden nach Algenresten ab.

Schau genau!

Mit der Lupe erkennst du, dass der Rasenringelwurm aus bis zu 60 gleichen Segmenten besteht. Um sich zu vermehren, kann er seinen Körper in mehrere Stücke abschnüren. Aus diesen Teilstücken wachsen dann neue Kopf- und Schwanzenden heraus. So können sich schnell dichte Rasen mit mehreren Tausend Tieren pro Quadratmeter bilden.

Der Rasenringelwurm lebt sowohl im Grobsand als auch im Schlick – Hauptsache, der Boden wird nicht ständig von Wattwürmern oder Herzmuscheln durchwühlt. Häufig in Seegraswiesen. Kommt in der Nordsee und in der Ostsee bis Bornholm vor.

Der Rasenringelwurm wird bis zu 1,5 cm lang.

Die freigespülten Röhren des Rasenringelwurms kannst du das ganze Jahr über finden.

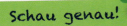

Würmer und Quallen   51

Der Bäumchenröhrenwurm

Den gelblich-bräunlichen Wurm mit seinen auffälligen roten Kiemen und den feinen Tentakeln am Kopf wirst du eher nicht zu Gesicht bekommen. Dafür aber seine bis zu 40 Zentimeter lange Wohnröhre. Der meiste Teil davon ist zwar im Sand verborgen, aber die oberen zwei bis vier Zentimeter ragen aus dem Boden. Dank einer fein verzweigten Krone an der Spitze sieht die Röhre aus wie ein kleines Bäumchen.

Erstaunlich!

Bei Gefahr kann sich der Bäumchenröhrenwurm wie in einem Fahrstuhl blitzschnell im unteren Teil seiner Röhre verstecken. Die größte Gefahr sind sehr kalte Winter, dann erfrieren die meisten Würmer im Watt, und erst nach zwei Jahren werden die Flächen wieder besiedelt.

Den Bäumchenröhrenwurm findest du am Rand von Prielen oder im Bereich der Niedrigwasserlinie. Dort besiedelt er schlickig-sandige Böden. Seine Röhre baut er aus dem umliegenden Material, also aus Sandkörnern oder kleinen Bruchstücken von Muschel- und Schneckenschalen. Die verzweigte Krone wird quer zur Strömungsrichtung des Wassers gebaut, damit sich möglichst viel Nahrung darin verfängt.

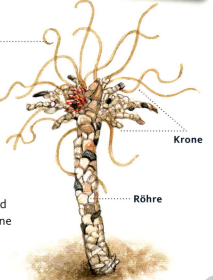

Tentakel
Krone
Röhre

Der Bäumchenröhrenwurm wird bis zu 30 cm lang.

Der Bäumchenröhrenwurm kommt ganzjährig vor.

| Jan | Feb | Mär | Apr | Mai | Jun | Jul | Aug | Sep | Okt | Nov | Dez |

Würmer und Quallen

Die Kompassqualle

Mit ihrem braunroten Muster auf dem Schirm ist die Kompassqualle eine der schönsten Quallen. Die 16 V-förmigen Abzeichen sind wie bei einem Kompass angeordnet. Mit ihren langen Tentakeln fängt die Qualle alles – von Plankton bis zu kleinen Fischen. Für Menschen ist es unangenehm, die Nesseln auf die Haut zu bekommen – wie auch bei der blauen Nesselqualle.

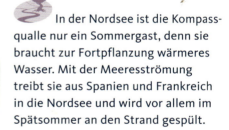

 In der Nordsee ist die Kompassqualle nur ein Sommergast, denn sie braucht zur Fortpflanzung wärmeres Wasser. Mit der Meeresströmung treibt sie aus Spanien und Frankreich in die Nordsee und wird vor allem im Spätsommer an den Strand gespült.

Wichtig zu wissen!

Quallen haben nicht viele Feinde. Da sie zu 98 bis 99 Prozent aus Wasser bestehen, sind sie nicht sehr nahrhaft. Aber bei Thunfischen, Mondfischen, Schwertfischen, Schildkröten und Delfinen stehen sie dennoch auf der Speisekarte. Leider werden häufig weggeworfene Plastiktüten für Quallen gehalten und gefressen. Viele Tiere sterben daran.

 Die Kompassqualle wird bis zu 30 cm groß.

Zwischen Juni und September ist die Kompassqualle im Wasser oder angespült am Strand zu finden.

| Jan | Feb | Mär | Apr | Mai | Jun | Jul | Aug | Sep | Okt | Nov | Dez |

Würmer und Quallen 53

Die Ohrenqualle

Vom Boot oder von der Hafenmauer aus kannst du manchmal beobachten, wie die Ohrenquallen elegant im Wasser schweben. Am Strand angespült sind sie dagegen nur noch ein glibberiger Klumpen. Ohrenquallen erkennst du an den vier Kreisen in dem glockenartigen Körper, das sind die Geschlechtsorgane. Beim Männchen sind sie weißlich, beim Weibchen violett.

Wichtig zu wissen!

Die Ohrenqualle gibt es in zwei unterschiedlichen Formen. Zum einen die typische nur kurz lebende Qualle, die durchs Wasser schwebt. Zum anderen das festsitzende Polypenstadium. Die Larven der Ohrenquallen setzen sich auf Steinen oder anderen harten Gegenständen fest und wachsen zu kleinen Polypen heran. Im Frühjahr schnüren sich dann von den Polypen circa 50 bis 60 Jungquallen ab, die rasch heranwachsen.

Männchen

Die Nesselzellen an den Tentakeln können zum Glück die menschliche Haut nicht durchdringen.

Weibchen

Mundlappen

Die Ohrenqualle kommt in allen Meeren vor: in der Ostsee bis zu den Ålandinseln. Im Sommer können sie große Schwärme bilden, die sich meist nahe der Wasseroberfläche aufhalten.

Die Ohrenqualle wird bis zu 40 cm groß.

Die Ohrenqualle kommt von April bis September vor.

| Jan | Feb | Mär | Apr | Mai | Jun | Jul | Aug | Sep | Okt | Nov | Dez |

Die Feuerqualle oder Gelbe Nesselqualle

Die gefürchtetste Qualle in unseren Gewässern ist sicherlich die Feuerqualle. An ihrer gelblichen oder orangeroten Färbung ist sie gut zu erkennen. Die Oberseite ist glatt, aber auf der Unterseite hängen die meterlangen Tentakeln mit ihren gefährlichen Nesselzellen. Berührst du sie, schießt die Qualle ihre Nesselzellen ab, und es brennt fürchterlich. Auch an den Strand gespülte Exemplare solltest du nicht anfassen.

Wichtig zu wissen!

Wesentlich häufiger ist die Blaue Nesselqualle. Ihr bläulicher Schirm ist kleiner, stärker gewölbt und ihre Tentakeln sind nicht so lang. Das Gift brennt nicht so stark – wie etwa bei einer Brennnessel. Hat dich doch eine Feuerqualle oder Blaue Nesselqualle erwischt, spül die Stelle gut mit Meerwasser ab. Nicht abreiben, sonst wird noch mehr von dem Nesselgift freigesetzt.

Tentakeln

 Die Feuerqualle lebt im Nordatlantik, in der Nordsee und der westlichen Ostsee. In arktischen Gewässern wird sie deutlich größer: bis zu einem Schirmdurchmesser von zwei Metern.

Die Feuerqualle wird bei uns bis zu 50 cm groß.

Die Feuerqualle oder Gelbe Nesselqualle kommt von Mai bis September vor.

Würmer und Quallen 55

Die Seestachelbeere

Manchmal findest du am Strand kleine runde oder ovale Quallen. Sie sind so durchsichtig, dass sie fast wie Glaskugeln aussehen. Auf der Oberfläche erkennst du noch acht weißliche Linien, ein Kennzeichen der Rippenquallen. Im Wasser schwimmend fahren sie ihre zwei circa 40 Zentimeter langen gefiederten Fangtentakeln aus, mit denen sie das Wasser nach Nahrung durchfischen.

Mach mit!

Die sogenannten Rippen bestehen aus kleinen Flimmerplättchen. Damit können die Quallen sich fortbewegen. Wenn du ganz genau hinschaust, siehst du vielleicht auch, wie die Rippen in allen Farben schillern – falls die Tiere noch nicht so lange am Strand liegen und noch leben. Wenn sie frisch angespült sind, setze ein paar in ein Eimerchen oder Glas. Keine Angst – sie nesseln nicht.

Die Seestachelbeeren schwimmen eigentlich im offenen Meer. Nur durch Strömung oder Wind werden sie an Land gespült. Sie leben im Atlantik, in der Nordsee und der westlichen Ostsee.

Die Seestachelbeere wird etwa 3 cm groß.

Die Seestachelbeere kommt von März bis August vor.

| Jan | Feb | Mär | Apr | Mai | Jun | Jul | Aug | Sep | Okt | Nov | Dez |

Würmer und Quallen

Die Seenelke

Auch wenn sie wie eine Blume aussieht, gehört die Seenelke zu den Tieren (Blumentieren). Sie ist nah mit den Quallen verwandt. Was wie die Blüte aussieht, sind Hunderte kleiner Tentakeln, die mit Nesselzellen besetzt sind. Damit fangen sie Plankton und kleine Tiere.
Mit einem Fuß heften sie sich an festen Untergrund. Es gibt weiße, gelbliche, orange und braune Exemplare.

Bei Gefahr werden die Tentakeln blitzschnell eingezogen.

Die Seenelke braucht einen harten Untergrund, auf dem sie sich mit ihrem Fuß festsaugen kann. Auf Felsen, Hafenmauern oder Muschelbänken ist die Seenelke ab der Niedrigwasserlinie in der Nord- und Ostsee zu finden. Sie lebt also permanent unter Wasser.

Erstaunlich!

Häufig findest du mehrere ähnlich gefärbte Seenelken nebeneinander. Das liegt daran, dass sich die Seenelke vermehren kann, indem sie von ihrem Fuß einen Teil abschnürt. Aus diesem Stück wächst eine neue Seenelke heran.

Die Seenelke wird bis zu 30 cm hoch.

Die Seenelke ist ganzjährig zu finden.

| Jan | Feb | Mär | Apr | Mai | Jun | Jul | Aug | Sep | Okt | Nov | Dez |

Der Kormoran

Ein großer schwarzer Vogel mit langem Hals und einem kräftigen Hakenschnabel zum Fischefangen. Im Brutkleid haben die Altvögel einen weißen Fleck am Kopf und am Beinansatz. Kormorane sind gesellige Tiere, die in großen Kolonien auf Bäumen brüten und auch gemeinsam nach Fischen tauchen.

Schau genau!

Kormorane können nicht wie die anderen Wasservögel ihr Gefieder einfetten. Das hilft ihnen beim Tauchen, sie haben kaum Auftrieb und sind unter Wasser sehr wendig. Leider werden dabei ihre Federn ganz nass. Deshalb siehst du sie oft mit ausgebreiteten Flügeln am Ufer sitzen, um die Federn wieder zu trocknen.

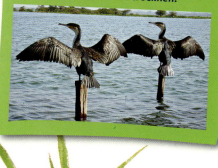

Nachdem die Kormorane als Konkurrenten der Angler und Fischer in Deutschland schon fast ausgerottet waren, wurden sie unter Schutz gestellt. Jetzt haben sich die Bestände wieder erholt und du findest Kormorane an der ganzen Küste und an vielen Seen im Binnenland.

Der Kormoran wird 77 bis 94 cm groß.

Den Kormoran kannst du ganzjährig beobachten.

| Jan | Feb | Mär | Apr | Mai | Jun | Jul | Aug | Sep | Okt | Nov | Dez |

Vögel

Die Sturmmöwe

Die Sturmmöwe gehört zu den drei häufigsten Möwen an der Nord- und Ostseeküste. Sie ist etwas größer als die Lachmöwe, hat aber einen weißen Kopf mit schwarzen Knopfaugen und gelbem Schnabel, die Beine sind gelbgrün. Im Schlichtkleid ist der Kopf grau gestrichelt und der Schnabel hat an der Spitze einen schmalen dunklen Ring.

Mach mit!

Manchmal sieht man Sturmmöwen im Watt stehen, die komisch auf der Stelle trampeln. Dann ist ihnen nicht kalt, sondern sie versuchen auf diese Weise kleine Tiere, die im Boden vergraben sind, an die Oberfläche zu spülen. Probier es selber einmal in einer Wattpfütze aus: Meist sind es alte Muschelschalen, die an die Oberfläche kommen.

Sturmmöwe mit Jungtier

Im Frühjahr brütet die Sturmmöwe einzeln oder in kleinen Kolonien auf Klippen, Inseln und in Salzwiesen- und Dünengebieten. Ansonsten stromern sie an der Küste entlang oder wandern im Winter den Flüssen folgend ins Binnenland.

Die Sturmmöwe wird zwischen 40 und 46 cm groß.

Die Sturmmöwe siehst du ganzjährig am Himmel.

| Jan | Feb | Mär | Apr | Mai | Jun | Jul | Aug | Sep | Okt | Nov | Dez |

Die Silbermöwe

Die häufigste Großmöwe an der Küste ist die Silbermöwe. Ausgewachsene Vögel erkennst du leicht an der silbergrauen Oberseite, den schwarzen Flügelspitzen, dem gelben Schnabel mit einem roten Punkt und den rosa Beinen. Erst mit vier Jahren ist die Silbermöwe ausgewachsen. Vorher tragen die Jungvögel ein braun geflecktes Gefieder und sind nur schwer von anderen Großmöwen zu unterscheiden.

Jungvogel

Die Silbermöwe lebt vor allem an der Meeresküste, aber auch an großen Seen in Norddeutschland. Sie brütet oft in großen Kolonien auf den Inseln. Ihre Nester baut sie auf dem Boden.

Schau genau!

Als Allesfresser findet die Silbermöwe immer genug zu fressen. Neben selbst gefangenen Krebsen und Fischen fliegt sie auch den Fischerbooten hinterher und hofft dort auf Fischabfälle. Sie frisst auch auf frisch gepflügten Äckern die Würmer. Mit etwas Glück kannst du auch beobachten, wie sie mit großen hartschaligen Muscheln oder Tieren in die Luft fliegt und sie über hartem Untergrund fallen lässt, damit sie kaputtgehen.

Die Silbermöwe wird 54 bis 60 cm groß.

Die Silbermöwe kommt ganzjährig vor.

| Jan | Feb | Mär | Apr | Mai | Jun | Jul | Aug | Sep | Okt | Nov | Dez |

Die Lachmöwe

Mit ihrem braun-schwarzen Kopf fällt die Lachmöwe im Brutkleid gleich auf. Schnabel und Beine sind kräftig rot gefärbt, die Flügelspitzen schwarz. Im Schlichtkleid bleibt von dem dunklen Kopf nur ein schwarzer Fleck hinter dem Auge.

Brutkleid

Wichtig zu wissen!

Ihren Namen hat die Lachmöwe einer Verwechslung zu verdanken. Denn ihre krähenden Rufe haben wenig mit Lachen zu tun. Und auch die Tatsache, dass sie gerne an flachen Seen, sogenannten Lachen, brütet, ist eher ein Zufall. Als die Lachmöwe ihren wissenschaftlichen Namen bekam, wurde sie noch mit einer in Nordamerika lebenden, sehr ähnlichen Möwe als eine Art gezählt. Diese Möwe hat tatsächlich einen lachenden Ruf.

Schlichtkleid

 Noch vor 100 Jahren lebte die Lachmöwe vor allem im Binnenland. Von dort breitete sie sich stark aus und ist jetzt die häufigste Möwe an der Küste. Sie brütet oft in großen Kolonien in den Salzwiesen oder am Ufer von Seen. Im Winter kommt sie auch an Teiche in Parks und lässt sich dort füttern.

Die Lachmöwe wird 35 bis 39 cm groß.

Die Lachmöwe fliegt ganzjährig.

| Jan | Feb | Mär | Apr | Mai | Jun | Jul | Aug | Sep | Okt | Nov | Dez |

Vögel 61

Die Küstenseeschwalbe

Die Küstenseeschwalbe sieht aus wie eine elegante Möwe. Sie hat aber längere und schmalere Flügel, eine schwarze Kopfkappe und einen leuchtend roten Schnabel. Im Sitzen fallen die kurzen roten Beine kaum auf. Sie ruft laut "gibb gibb" und wenn sie aufgeregt ist "ki-jää". Bemerkenswert ist, wie sie kleine Fische fängt. Dafür stürzt sie sich aus mehreren Metern Höhe im Sturzflug ins Wasser. Vorsicht, auch ihre Feinde werden am Brutplatz mit scharfen Schnabelhieben auf den Kopf angegriffen.

gegabelter Schwanz

Erstaunlich!

Die Küstenseeschwalbe gilt als Rekordhalter unter den Zugvögeln. Vögel, die in der nördlichen Arktis brüten, zum Beispiel auf Grönland, fliegen im Herbst bis ans andere Ende der Erde in die Antarktis. Auf dem Hin- und Rückweg kommen so leicht 40 000 Kilometer zusammen, das entspricht der Strecke einmal um die Erde.

An den Küsten der Nord- und Ostsee ist die Küstenseeschwalbe ein regelmäßiger Brutvogel. Ihre Eier legt sie in eine einfache Mulde auf Sand- oder Kiesflächen oder auf kurzrasigen Boden.

Die Küstenseeschwalbe wird 33 bis 39 cm groß.

Die Küstenseeschwalbe kommt von April bis September vor.

| Jan | Feb | Mär | Apr | Mai | Jun | Jul | Aug | Sep | Okt | Nov | Dez |

Der Austernfischer

Der Wappenvogel der Nordsee könnte der Austernfischer sein. Denn mit seinem schwarz-weißen Gefieder, dem roten Schnabel, den roten Beinen sowie seinem lauten und durchdringenden Ruf ist er sicher der auffälligste Watvogel der Küste. Wegen seiner Färbung wird er auch gerne „Halligstorch" genannt. Im Schlichtkleid trägt er ein weißes Halsband.

Schau genau!

Am Schnabel des Austernfischers erkennst du, was er frisst. Denn Austernfischer haben sich entweder darauf spezialisiert, Muscheln und Schnecken zu knacken oder im Schlick nach Würmern zu stochern. Beim Aufhämmern von Muscheln wird die Schnabelspitze mit der Zeit ganz stumpf. Beim Stochern im Schlick bleibt der Schnabel spitz. Welche Nahrung sie fressen, lernen sie von ihren Eltern.

Der Austernfischer brütet meist in offenem Gelände. Das können Sandstrände, Dünen, Salzwiesen oder Viehweiden sein. Selbst auf Hausdächern mit Kies hat man schon Nester gefunden. Während der Brutzeit sind die Austernfischer sehr aggressiv und hacken mit ihrem kräftigen Schnabel nach ihren Feinden. Sonst sind sie sehr gesellig und bilden große Trupps im Watt.

Der Austernfischer wird 39 bis 44 cm groß.

Den Austernfischer kannst du ganzjährig beobachten.

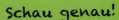

| Jan | Feb | Mär | Apr | Mai | Jun | Jul | Aug | Sep | Okt | Nov | Dez |

Vögel 63

Der Säbelschnäbler

Unverwechselbar ist der Säbelschnäbler. Kein anderer Vogel hat ein schwarz-weißes Gefieder, lange bläuliche Beine und einen nach oben gebogenen Schnabel. Er ruft laut „klütt" und bei Gefahr „kuit kuit kuit ...", um den Störenfried zu vertreiben. Aus dem Schlamm siebt er gerne kleine Tierchen. Dafür pendelt er mit dem Kopf ständig hin und her und „säbelt" mit dem Schnabel durch den Schlamm oder über die Wasseroberfläche. Im leicht geöffneten Schnabel bleibt dann die Nahrung hängen.

Schau genau!

Als einer der wenigen Watvögel hat der Säbelschnäbler Schwimmhäute zwischen den Zehen. Die braucht er besonders in sehr weichem Schlamm, damit er nicht so tief einsinkt.

Der Säbelschnäbler brütet gerne nahe am Wasser, besonders dort, wo das Wasser schön flach ist wie in Lagunen oder im Wattenmeer. Leider werden seine Nester dann manchmal vom Hochwasser überspült.

Der Säbelschnäbler wird 42 bis 46 cm groß.

Der Säbelschnäbler kommt von März bis Oktober vor.

Der Große Brachvogel

Der Große Brachvogel ist nicht nur der größte Watvogel, er hat auch noch den längsten Schnabel. Am Schnabel ist er leicht zu bestimmen, denn der ist nicht gerade, sondern nach unten gebogen. Ansonsten trägt er ein braunes Gefieder mit einer schwarzen Strichelung. Im Flug leuchtet sein weißer Rücken auf. Auch sein melodisch flötender Ruf „tlü-ih" ist sehr auffällig.

Erstaunlich!

Der Schnabel des Weibchens ist länger als der des Männchens. Bei großen Weibchen kann er 19 Zentimeter lang werden. Die Biegung des Schnabels hilft ihm beim Stochern im Wattboden, denn die Gänge des Wattwurms sind auch leicht gebogen. So kommt er leichter an die Würmer heran.

Weibchen

Früher lebte der Große Brachvogel überall auf feuchten Wiesen und Mooren. Doch heute gibt es nur noch wenige Moore und aus den meisten Wiesen sind Ackerflächen geworden. Die vielen Brachvögel an der Küste kommen vorwiegend aus Nordeuropa. Die Federn mit dem weiß-braunen Sägemuster, die du am Strand findest, stammen vom Brachvogel.

Der Große Brachvogel wird 48 bis 57 cm groß.

Der Große Brachvogel ist ganzjährig zu sehen.

| Jan | Feb | Mär | Apr | Mai | Jun | Jul | Aug | Sep | Okt | Nov | Dez |

Die Pfuhlschnepfe

Nach dem Brachvogel hat die Pfuhlschnepfe einen der längsten Schnäbel. Er ist leicht nach oben gebogen. Im Brutkleid ist das Männchen gut an der rostroten Unterseite zu erkennen, bei den Weibchen ist die Unterseite nur leicht orangerot. Im Schlichtkleid ist die Pfuhlschnepfe wie die meisten anderen Watvögel eher unauffällig braungrau gefärbt. Aber an den langen Beinen und dem Schnabel ist sie immer gut zu erkennen.

Schlichtkleid

Fast das ganze Jahr kannst du die Pfuhlschnepfe an der Nordsee beobachten. Nur zur Brutzeit im Sommer ist sie in Nordnorwegen und Sibirien zum Brüten. An der Ostsee kommt sie im Frühling und Herbst auf der Durchreise in die Winterquartiere vorbei.

Schau genau!

Der Schnabel der Weibchen ist im Schnitt zwei Zentimeter länger als der bei den Männchen. Das ist mit dem Fernglas natürlich nicht zu erkennen, aber bei der Nahrungssuche stehen die Weibchen oft getrennt von den Männchen im tieferen Wasser, weil sie mit dem längeren Schnabel noch den Boden erreichen.

Die Pfuhlschnepfe wird 33 bis 41 cm groß.

Die Pfuhlschnepfe kommt von August bis Mai vor.

| Feb | Mär | Apr | Mai | Jun | Jul | Aug | Sep | Okt | Nov | Dez |

Der Rotschenkel

Seinen Namen verdankt der Rotschenkel seinen leuchtend roten Beinen. Auch der Schnabel ist rot mit einer schwarzen Spitze. Das helle Brust- und Bauchgefieder hat eine dichte und dunkle Fleckung. Die Oberseite ist braun.

Fliegt der Rotschenkel auf, erkennst du ihn leicht an dem breiten weißen Flügelhinterrand.

Wichtig zu wissen!

Dank seines auffälligen Rufes wird der Rotschenkel in einigen Gegenden der Küste auch Tüter oder Tüütje genannt. Der flötende Ruf „tjü-hü-hü" ist kaum zu überhören. Auch wenn er einen Feind oder Störenfried entdeckt, wird dieser mit lauten Rufen vertrieben. Mutig fliegt der Rotschenkel auf ihn zu und vertreibt ihn aus seinem Revier.

Der Rotschenkel brütet an der Küste in den Salzwiesen. Aber auch auf feuchten Wiesen und Mooren im Binnenland baut er seine Nester. In seinem Brutrevier sitzt der Rotschenkel gerne auf Zaunpfosten oder Erdhügeln und überwacht sein Revier. Nahrung sucht er am Ufer oder auf Schlammflächen.

Der Rotschenkel wird 24 bis 27 cm groß.

Der Rotschenkel kommt ganzjährig vor.

| Jan | Feb | Mär | Apr | Mai | Jun | Jul | Aug | Sep | Okt | Nov | Dez |

Der Alpenstrandläufer

Im Brutkleid hat der Alpenstrandläufer einen auffälligen schwarzen Bauch, der Rücken ist rotbraun und schwarz gescheckt und er hat einen kopflangen schwarzen Schnabel, der leicht nach unten gebogen ist. Im Schlichtkleid trägt er wie der Knutt ein eher unauffälliges Gefieder. Der Bauch ist weiß und die Oberseite graubraun. An der Brust sind die Federn etwas gestrichelt.

Brutkleid

Schlichtkleid

Erstaunlich!

Der Schnabel des Alpenstrandläufers ist erstaunlich biegsam. Selbst wenn der Schnabel tief im Schlamm steckt, kann er die Schnabelspitze wie eine Pinzette öffnen und den Wurm festhalten. In zwei bis drei Wochen isst er so viel, dass sich sein Gewicht fast verdoppelt. Die Energie reicht dann für den Weiterflug in sein Brut- oder Überwinterungsgebiet.

Nur noch wenige Alpenstrandläufer brüten an unseren Küsten. Die meisten kommen aus Skandinavien und der arktischen Tundra. Aber über eine Million Alpenstrandläufer nutzen das Wattenmeer als Rastplatz, um sich für den Weiterflug ein Fettpolster anzufressen. Bei Hochwasser sammeln sie sich in riesigen Schwärmen und rasten in den Salzwiesen oder auf Sandbänken.

Der Alpenstrandläufer wird 17 bis 21 cm groß.

Der Alpenstrandläufer ist das ganze Jahr über zu sehen.

| Jan | Feb | Mär | Apr | Mai | Jun | Jul | Aug | Sep | Okt | Nov | Dez |

Der Sanderling

Der Sanderling ist etwa so groß wie der Alpenstrandläufer, hat aber einen kürzeren, geraden Schnabel. Der Bauch ist immer weiß. Im Brutkleid trägt der Sanderling rotbraune Halsfedern und auch die Oberseite ist rotbraun und schwarz gemustert. Im Winter hat er das hellste Gefieder von allen Strandläufern.

Schau genau!

Der Sanderling ist ein wahrer Dauerläufer. Meist siehst du ihn, wie er wie eine aufgezogene Spielzeugmaus den Wellen hinterherrennt und schaut, was soeben an Futter angespült wurde. Dann saust er wieder knapp vor der heranrollenden Welle vorweg. Auch bei Spaziergängern trippelt er erst einmal eine Weile vor ihnen her, bevor er dann doch auffliegt. Allein an diesen Verhaltensweisen kannst du ihn schon bestimmen.

Schlichtkleid

Die Brutgebiete des Sanderlings liegen in der Tundra von Sibirien, in Nordamerika und Grönland. Auf der Durchreise findest du ihn auch an unseren Küsten. Und wie sein Name schon sagt, hält er sich dann gerne an reinen Sandstränden auf.

Der Sanderling wird 18 bis 21 cm groß.

Der Sanderling ist ganzjährig zu sehen, im Hochsommer aber selten.

| Jan | Feb | Mär | Apr | Mai | Jun | Jul | Aug | Sep | Okt | Nov | De |

Vögel 69

Der Knutt

Im Frühling, wenn er sein Brutkleid trägt, erkennst du ihn an seinem rostroten Brust- und Bauchgefieder. Der Schnabel ist relativ kurz und kräftig. Das Schlichtkleid ist dagegen sehr unauffällig, die Unterseite ist weiß und die Brust leicht gefleckt. Das Rückengefieder ist einfarbig grau.

Brutkleid

Erstaunlich!

Besonders beeindruckend sind die Flugleistungen der Watvögel. Der Knutt kann zum Beispiel bis zu 5 000 Kilometer am Stück zurücklegen. Rekordhalter ist aber die Pfuhlschnepfe. Dank einem Minisender konnten Wissenschaftler nachweisen, dass eine Pfuhlschnepfe 11 700 Kilometer ohne Unterbrechung geflogen ist. Dafür war sie acht Tage in der Luft.

An der Küste von Nord- und Ostsee ist der Knutt nur ein Durchreisender. Er brütet weit weg in der Arktis, in Grönland und Kanada und überwintert an den Küsten Afrikas und Westeuropas. Das Wattenmeer nutzt er im Frühjahr und Herbst als Tankstelle. Hier kann er sich für seinen Weiterflug noch mal richtig satt essen und Energie tanken. Riesige Schwärme von mehreren Tausend Vögeln fliegen dann über die Wattflächen. An der Ostsee ist er seltener zu sehen.

Der Knutt wird 23 bis 26 cm groß.

Der Knutt kommt von August bis Mitte Juli vor.

| Jan | Feb | Mär | Apr | Mai | Jun | Jul | Aug | Sep | Okt | Nov | Dez |

Der Sandregenpfeifer

Der Sandregenpfeifer hat eine auffällige schwarz-weiße Kopfzeichnung. Die Beine sind orange, genauso wie der Schnabel mit der schwarzen Spitze. Auf der Brust trägt er ein geschlossenes schwarzes Band. Am Strand kannst du ihn gut dabei beobachten, wie er mit schnellen Trippelschritten flink über den Boden rennt, plötzlich stehen bleibt und nach kleinen Tierchen pickt. Manchmal trampelt er auch auf der Stelle, um kleine Tiere aufzuscheuchen.

Küken

Brutkleid

Wichtig zu wissen!

Während der Brutzeit ist der Sandregenpfeifer ein sehr guter Schauspieler. Kommt zum Beispiel ein Fuchs dem Nest oder den Küken zu nahe, fängt er plötzlich an, einen Flügel hängen zu lassen und tut so, als sei er schwer verletzt. Dabei läuft er immer vor der Nase des Fuchses her und lockt ihn so vom Nest weg. Doch plötzlich fliegt er auf und lässt einen verdutzten Fuchs zurück.

Seine Eier legt der Sandregenpfeifer auf Sand, Kies oder Muschelreste. Er gräbt nur eine flache Mulde und legt vier gepunktete sandfarbene Eier hinein. Diese sind so gut getarnt, dass sie leicht übersehen werden.

Der Sandregenpfeifer wird 17 bis 20 cm groß.

Der Sandregenpfeifer ist von März bis Oktober zu beobachten.

| Jan | Feb | Mär | Apr | Mai | Jun | Jul | Aug | Sep | Okt | Nov | De |

Die Eiderente

Die Eiderente ist eine typische Meeresente, die nur selten im Binnenland und im Süßwasser auftaucht. Der große Kopf wirkt dreieckig, da der Schnabel ohne Absatz in die flache Stirn übergeht. Das Männchen ist schwarz-weiß gemustert und hat einen grünen Nacken. Die Weibchen sind dagegen unauffällig braun mit dunkler Bänderung.

Erstaunlich!

In Island freuen sich die Bauern, wenn an ihrer Küste viele Eiderenten brüten, denn dann können sie aus den Nestern die wertvollen Daunenfedern absammeln. Eiderdaunen sind von allen Vögeln die Federn, die am wärmsten halten und das bei ganz geringem Gewicht. Da es nur wenig Daunenfedern gibt und sie aufwendig gereinigt werden müssen, sind Bettdecken mit Eiderdaunen extrem teuer.

Männchen

Weibchen

Eiderenten brüten an der Küste oder auf Inseln. Oft brüten die geselligen Enten in kleinen Kolonien und die Küken bilden manchmal Kindergärten. Auch nach der Brut schwimmen sie in großen Schwärmen entlang der Küste und tauchen nach Muscheln und Krebsen.

Die Eiderente wird 60 bis 70 cm groß.

Die Eiderente kommt ganzjährig vor.

| an | Feb | Mär | Apr | Mai | Jun | Jul | Aug | Sep | Okt | Nov | Dez |

Vögel

Die Brandgans

Die Brandgans sieht aus wie eine große bunte Ente. Sie hat einen schwarzen Kopf und Hals mit einem roten Schnabel. Über die weiße Unterseite zieht sich ein orangebraunes Brustband. Die Flügel sind schwarz-weiß. Wenn du genau hinschaust, erkennst du bei den männlichen Brandgänsen einen roten Höcker über dem Schnabel.

Männchen

Weibchen

Die Brandgans brütet an den Küsten von Nord- und Ostsee. Sie ist ein Höhlenbrüter. Gerne baut sie das Nest in alten Kaninchenhöhlen. Anfang August versammeln sich fast alle Brandgänse Nordeuropas zum Mausern im Wattenmeer bei Dithmarschen. Das können bis zu 200 000 Brandgänse sein, die dort ihr Gefieder wechseln. Ansonsten siehst du sie vor allem auf Schlickflächen, wo sie gerne die kleinen Wattschnecken fressen.

Wichtig zu wissen!

Nicht nur die Menschen haben Kindergärten. Auch bei Brandgänsen kann es vorkommen, dass sich mehrere Familien zusammenschließen und einen „Kindergarten" bilden.

Die Brandgans wird 55 bis 65 cm groß.

Die Brandgans ist ganzjährig an der Nordsee zu Hause.

| Jan | Feb | Mär | Apr | Mai | Jun | Jul | Aug | Sep | Okt | Nov | De |

Die Ringelgans

Von den Einheimischen wird die kleine Gans wegen ihres typischen Flugrufs „rott rott rott" auch Rottgans genannt. Den Namen Ringelgans verdankt sie dem weißen Ring an dem sonst braunschwarzen Hals und Kopf. Insgesamt ist die Ringelgans sehr dunkel gefärbt. Nur ihr Unterschwanz leuchtet weiß hervor und fällt besonders im Flug auf.

Ab September tauchen die ersten Ringelgänse an der Nord- und Ostsee auf, nachdem sie im Sommer in Sibirien gebrütet haben. Als typische Meeresgans hält sie sich im Watt auf und frisst Seegras oder weidet auf den Salzwiesen. Bis in den Mai überwintert sie an der Nordseeküste.

Weidende Ringelgänse

Erstaunlich!

Erreichen die Ringelgänse ihre Brutgebiete in Sibirien, liegt dort oft noch Schnee. Doch sobald die ersten Flächen schneefrei sind, fangen sie an zu brüten. Manchmal kommt es noch später zu einem Kälteeinbruch mit Schnee und viele Gänse müssen die Brut abbrechen. Anhand der Menge der Jungvögel kannst du dann erkennen, wie gut das Wetter im Brutgebiet gewesen war.

Die Ringelgans wird 55 bis 62 cm groß.

Die Ringelgans kommt von September bis Mai vor.

| Jan | Feb | Mär | Apr | Mai | Jun | Jul | Aug | Sep | Okt | Nov | Dez |

Die Kegelrobbe

Die Kegelrobbe ist Deutschlands größtes Raubtier. Sie sieht dem Seehund recht ähnlich, hat aber einen kegelförmigen Kopf mit einer länglichen Schnauze. Die Männchen tragen ein dunkelgraues Fell mit hellen Flecken, bei den Weibchen ist es dagegen umgekehrt: Sie tragen ein silbergraues Fell mit dunkleren Flecken. Eine dicke Speckschicht schützt sie vor dem kalten Wasser. Sie können 20 Minuten lang und bis in 300 Meter Tiefe tauchen.

Die Kegelrobbe lebt vor allem im Nordatlantik. Kleine Vorkommen gibt es in der Nordsee, die langsam wieder anwachsen. In der Ostsee ist sie selten, aber häufiger als der Seehund.

Wichtig zu wissen!

Kegelrobben bekommen ihre Jungen mitten im Winter. Auf abgelegenen Sandbänken oder Inseln kommen die Jungen schon ab Dezember auf die Welt. Im Gegensatz zu den Seehunden haben sie ein flauschig weiches, cremefarbenes Fell. Wegen ihres Fells und weil sie den Fischern so viele Fische wegfressen, wurden sie früher gejagt. Heutzutage ist das verboten, sie stehen unter Naturschutz.

Männchen

Weibchen

Die Kegelrobbe wird bis zu 2,30 m lang.

Die Kegelrobbe kannst du das ganze Jahr über beobachten.

| Jan | Feb | Mär | Apr | Mai | Jun | Jul | Aug | Sep | Okt | Nov | Dez |

Robben 75

Der Seehund

Das häufigste Säugetier an der Küste ist der Seehund. Er hat einen rundlichen Kopf, eine kurze Schnauze und zwei große schwarze Augen. Das Fell ist meist grau mit dunklen unregelmäßigen Flecken.

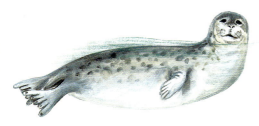

Den Winter verbringen sie in der offenen See. Erst im Frühling kommen sie an die Küste und bringen im Juni und Juli ihre Jungen auf ungestörten Sandbänken zur Welt. Sie leben im Nordatlantik, in der Nordsee und mit wenigen Tieren auch in der westlichen Ostsee.

Wichtig zu wissen!

Findest du zufällig einen jungen Seehund (Heuler) am Strand, mach einen großen Bogen um ihn. Um Futter zu suchen, lässt die Mutter ihr Junges häufig mehrere Stunden allein. Aber wenn lauter Menschen um das Junge herumstehen, kommt sie natürlich nicht zurück. Am besten du sagst der Kurverwaltung oder der Polizei Bescheid. Ein Seehundbeauftragter stellt dann fest, ob das Junge gesund ist oder tatsächlich verlassen wurde und sperrt den Strandabschnitt ab. Dann kann die Mutter ihr Junges wieder in Ruhe abholen.

Der Seehund wird bis zu 2 m lang.

Der Seehund kommt ganzjährig vor.

| Jan | Feb | Mär | Apr | Mai | Jun | Jul | Aug | Sep | Okt | Nov | Dez |

Expedition in die Natur

Wat is Watt?

Das Wort Watt kennst du bisher vielleicht nur von elektrischen Geräten. An der Küste werden aber auch die Flächen als Watt bezeichnet, die bei Ebbe „trockenfallen" (siehe Seite 8).
Der Wattboden kann sehr unterschiedlich sein, dass merkst du schnell, wenn du barfuß darüberläufst. Je nachdem wie viel Sand, Ton, Wasser und lebende Stoffe, sogenanntes organisches Material, im Boden sind, wird der Wattboden in Sandwatt, Mischwatt und Schlickwatt eingeteilt.

Sandwatt: Das Sandwatt entsteht an Stellen mit schnell fließendem Wasser, zum Beispiel an Rändern von Prielen oder nahe dem offenen Meer. Hier lagert sich vor allem der schwere Sand ab und nur wenig Ton und Wasser sind im Boden. Sandwatt erkennst du an den starken Sandrippeln und den wenigen Tieren im festen Boden.

Mischwatt: Ist der Boden übersät mit Wattwurmhaufen und deine Füße sinken ein wenig ein, stehst du im Mischwatt. Der Anteil kleiner leichter Tonteilchen liegt zwischen 10 und 50 Prozent. Hier fühlen sich sehr viele Tiere im Boden wohl.

Wichtig zu wissen!

Damit die Gummistiefel im Matsch nicht so schnell stecken bleiben und du das Gleichgewicht nicht verlierst, versuch immer erst die Ferse anzuheben. So kommst du am leichtesten aus dem Schlick wieder heraus.

Schlickwatt: Nahe der Küste oder in ruhigen Buchten setzen sich vor allem kleine und leichte Stoffe auf dem Boden ab. Die Wattoberfläche ist glatt und glänzend. Hier musst du aufpassen, denn du sinkst bis zum Knöchel (oder sogar noch tiefer) ein.

Expedition in die Natur 77

Mach mit!

Wie gefährlich dichter Nebel bei einer Wattwanderung ist, kannst du leicht mit einem einfachen Versuch feststellen. Such dir im Watt in Ufernähe oder im Sand eine Stelle, wo man deine Fußabdrücke gut sehen kann. Nun fixiere einen Punkt am Horizont, beispielsweise einen Leuchtturm. Jetzt lässt du dir die Augen verbinden und versuchst, blind auf den Punkt zu zulaufen. Nach rund 50 oder 100 Schritten nimmst du die Binde ab und schaust anhand deiner Spuren, wie gerade du gelaufen bist. Bei den meisten macht die Spur einen kreisförmigen Bogen, weil ein Bein kräftiger ist als das andere. So würde man auch bei dichtem Nebel schnell im Kreis laufen und bei Flut in große Gefahr geraten. Nur ein Kompass zeigt dir im Nebel den richtigen Weg.

Schicht für Schicht

Gräbst du ein Loch in den Wattboden, fällt dir sicher auf, dass der Boden weiter unten dunkler gefärbt ist. Das liegt daran, dass Eisen und Sauerstoff im Boden sind. Die obere, helle Schicht wird mit sauerstoffreichem Wasser gut durchspült. Das Eisen im Sand färbt sich dadurch bräunlich. Weiter unten kommt nicht mehr so viel Sauerstoff an. Hier leben sogenannte anaerobe Bakterien, sie brauchen keinen Sauerstoff zum Leben. Sie ernähren sich von abgestorbenen Pflanzenteilen und Tierresten. Dabei entsteht Schwefelwasserstoff, der für den fauligen Geruch verantwortlich ist. Der Schwefel reagiert mit dem Eisen und färbt den Boden schwarz. Je mehr totes Material im Wattboden ist, desto eher beginnt die schwarze Schicht, weil besonders viele anaerobe Bakterien im Boden sind.
Die Gänge der Würmer und Muscheln sind in dem schwarzen Boden gut zu erkennen, denn zum Atmen müssen die Tiere frisches sauerstoffreiches Wasser durch ihre Gänge strudeln. Diese färben sich deshalb wie an der Oberfläche bräunlich.

Tankstelle Wattenmeer

Auf den ersten Blick sieht der Wattboden ziemlich öde und leblos aus. Dennoch liefert er Millionen von Vögeln genug Nahrung: Zweimal im Jahr machen die Watvögel Station im Wattenmeer. Es ist wie eine Art Autobahnraststätte auf ihrem Weg von Nord nach Süd und umgekehrt. In kurzer Zeit fressen sie sich genügend Fettreserven an, um die weiten Strecken überwinden zu können. Innerhalb von drei bis vier Wochen verdoppeln sie ihr Gewicht fast.

Im Herbst kommen die Vögel aus ihren Brutgebieten aus Grönland, Skandinavien und Sibirien, um dann weiter an die Küsten von Westeuropa und Afrika zu fliegen, wo sie überwintern. Im Frühling machen sie auf ihrem Rückweg in die nördlichen Brutgebiete wieder Halt im Wattenmeer.

Erstaunlich!

Wissenschaftler haben herausgefunden, dass im Wattboden sogar mehr tierische Biomasse vorkommt als in einem tropischen Regenwald. Das heißt, auf einer bestimmten Fläche im Wattboden ist das Gewicht aller Lebewesen größer als das einer vergleichbaren Fläche im Regenwald. Dort kommen zwar mehr verschiedene Arten vor, aber die einzelnen Arten nicht in so großen Mengen wie im Watt.

Schau genau!

Mit etwas Glück beobachtest du im Sommer eine ganz besondere Erscheinung im Meer, das Meeresleuchten. Eine bestimmte Algenart (Noctiluca) kann wie ein Glühwürmchen aufleuchten, wenn es von Wellen oder der Brandung angeregt wird. Bei warmem Wetter, nach ein paar möglichst windstillen Tagen, ist die Chance am größten, das Meeresleuchten bei einem Nachtspaziergang am Strand zu sehen.

Expedition in die Natur 79

Viele Vögel nutzen die Rast im Wattenmeer nicht nur zum Fressen, sondern sie wechseln auch einen Teil ihrer Federn. Sie sind dann in der sogenannten Mauser. Die Federn findest du häufig im Spülsaum, wo sie von der Flut angeschwemmt werden. Wenn du einige gleich große Federn findest, kannst du daraus ein Federwindrad basteln.

Mach mit!

Für ein Federwindrad brauchst du:

- einen Korken
- einen etwa fünf bis sechs Zentimeter langen Nagel
- einen Stock oder Holzstab
- zwei Holzperlen
- Kleber
- zehn bis zwölf Federn

Vom Korken schneidest du eine zwei Zentimeter dicke Scheibe ab und piekst in die Mitte ein Loch. Dann stichst du seitlich Löcher in die Scheibe, je nachdem wie viele Federn du hast. Mit Kleber werden die Federkiele in die Löcher geklebt. Ist der Kleber trocken, nimmst du den Nagel und steckst eine kleine Holzperle durch, dann das Federrad und zuletzt eine dicke Holzperle als Abstandhalter. Nun kannst du den Nagel in den Stock hämmern, aber nicht so weit, dass das Windrad eingeklemmt wird. Fertig!

80 | Expedition in die Natur

Springtide und Nipptide

Wie die Gezeiten entstehen, konntest du schon auf Seite 7 lesen. Es gibt aber noch ein paar Besonderheiten. Kurz nach Neumond oder Vollmond kommt es zur sogenannten **Springtide**. Da ist der Wasserstand bei Flut etwas höher als sonst. Das liegt an der Sonne. Die Sonne ist zwar viel weiter weg als der Mond, aber ein bisschen Anziehungskraft hat sie auch. Bei Voll- und Neumond stehen Sonne, Mond und Erde in einer Linie. Das heißt, zur Anziehungskraft vom Mond kommt noch die Kraft der Sonne dazu – der Flutberg wird noch etwas höher. Das Gegenteil passiert, wenn Sonne und Mond im rechten Winkel zueinander stehen. Dann heben sich die Anziehungskräfte ein wenig auf und das Wasser steigt weniger an. Das wird **Nipptide** genannt.

Mond ❶ und Sonne ❷ stehen in einer Linie und ziehen das Wasser besonders stark an. Es ist Springtide.

Die Bay of Fundy bei Ebbe. Der Wasserstand ist über 15 Meter niedriger als bei Flut.

Expedition in die Natur

Gezeitentabelle Beispiel: Pegel Hamburg

Datum		Zeit	Wasser-stand	Meter
Mi	12. 09. 2012	1:13	HW	3,50
Mi	12. 09. 2012	8:38	NW	0,50
Mi	12. 09. 2012	14:14	HW	3,70
Mi	12. 09. 2012	21:33	NW	0,50
Do	13. 09. 2012	3:02	HW	3,70
Do	13. 09. 2012	10:04	NW	0,50
Do	13. 09. 2012	15:29	HW	3,80
Do	13. 09. 2012	22:47	NW	0,40

HW = Hochwasser
NW = Niedrigwasser

Wichtig zu wissen!

Die Gezeiten werden auch zur Energiegewinnung genutzt. Doch an der deutschen Nord- und Ostsee sind die Gezeitenunterschiede zu gering, sodass sich der Bau eines Kraftwerks an unseren Küsten nicht lohnt.

Mach mit!

Wenn du einen Gezeitenkalender hast, in dem die Uhrzeiten von Hoch- und Niedrigwasser stehen, überprüfe, ob die Zeiten stimmen und wie groß der Unterschied zwischen Ebbe und Flut ist. In einem Hafen geht das besonders gut, denn da gibt es immer einen Pegel. Das ist eine Messlatte, um die Höhe des Wasserstandes zu bestimmen. So kannst du feststellen, wie hoch der Tidenhub ist, also der Unterschied zwischen Hoch- und Niedrigwasser. In der Nordsee liegt er zwischen 2 und 3,5 Metern. Das ist nicht viel, vergleicht man es mit der Bay of Fundy in Ostkanada. In dieser Bucht liegt der Tidenhub zwischen unglaublichen 15 und 21 Metern.

Flut in der Bay of Fundy. Wo vorher Menschen stehen konnten, ist jetzt Wasser.

Expedition in die Natur

Die Halligen

Eine Besonderheit an der Nordseeküste sind die Halligen in Nordfriesland. Das sind kleine flache Inseln ohne oder mit nur einem kleinen Deich. Im Winter werden sie bei Stürmen regelmäßig überflutet. Das nennt sich dann Sturmflut. Dann schauen nur noch die Warften aus dem Wasser, das sind kleine künstliche Hügel, auf denen die Häuser stehen. Stumfluten scheinen ein bisschen unheimlich, sind aber für die Menschen dort ganz normal. Sollte der Sturm doch heftiger sein, gibt es in jedem Haus einen sturmsicheren Schutzraum.

Der Blanke Hans

So werden besonders starke Stürme an der Nordsee genannt, die vor allem im Winter über das Meer toben. Zwei große Sturmfluten sind aus der Geschichte bekannt, die erste und zweite große Mandränke 1362 und 1634. Dabei ertranken Tausende von Menschen und viele Landflächen verschwanden für immer im Meer. Die Halligen sind Reste vom ehemaligen Festland. An einigen Stellen sind im Watt noch Überbleibsel von versunkenen Orten zu sehen, zum Beispiel alte Brunnen, Deichreste oder sogar noch Ackerfurchen.

Expedition in die Natur | 83

Neues Land

Auch wenn du das Meer nicht siehst und um dich herum lauter Felder liegen, stehst du an der Nordsee trotzdem oft auf Meeresboden. An vielen Stellen wurde mit großem Aufwand neues Land aus dem Meer gewonnen. Wie das gemacht wird, siehst du an vielen Stellen an der Küste: Alles beginnt mit unzähligen Holzpflockreihen am Ufer, meist mit Fichtenreisig darin. Sie heißen Lahnungen und liegen wie Felder im Watt. Sie sorgen dafür, dass sich das Wasser in den Feldern beruhigt und sich besonders viel Sand und Schlick ablagert. So wird der Meeresboden immer höher.

Lahnungen sorgen dafür, dass sich Sand aus dem Meer ablagern kann. Der Boden wird höher, Pflanzen siedeln sich an und neues Land wird gewonnen.

Hat er eine bestimmte Höhe erreicht, werden Gräben (Grüppen) ausgehoben. Der Aushub wird auf die Flächen zwischen den Gräben gebaggert und so der Boden weiter erhöht. Schon nach wenigen Jahren siedeln sich die ersten Salzwiesenpflanzen an. Dann werden neue Lahnungsfelder vor die alten gebaut. Hat man genug neues Land gewonnen, wird ein hoher Deich davorgebaut und die Fläche später bewirtschaftet, also beispielsweise als Weideland genutzt. Heute benötigt man neues Land oft nicht mehr als Nutzfläche, sondern zum Küstenschutz: Je mehr Land vor den eigentlichen Deichen liegt, desto besser werden die Wellen bei starken Stürmen gebremst. So werden sie den Deichen nicht mehr so gefährlich. Eingedeichte Flächen heißen übrigens Koog (Schleswig-Holstein), Polder (Ostfriesland, Holland) oder Groden (Oldenburg).

Alles aus Sand

Die meisten Küsten an der Nord- und Ostsee bestehen aus Sand. Der Wind bläst die Sandkörner davon, bis sie an einem Hindernis hängen bleiben, zum Beispiel in einem hoch gelegenen Spülsaum. Dort können dann die ersten Pflanzen wie Meersenf und Strand-Quecke wachsen. Im Windschatten der Pflanzen bleibt immer mehr Sand liegen. So entstehen die ersten **Vordünen**. Die Dünen werden langsam immer höher. Je höher die Dünen werden, desto mehr Pflanzen können sich ansiedeln. Mit ihren Wurzeln halten sie den Sand fest, sodass er nicht wieder weggeblasen wird.

Weißdüne

Die ersten richtig hohen Dünen werden **Weißdünen** genannt, denn hier liegt zwischen den Pflanzen nur der helle weiße Sand.

Hinter den Weißdünen beginnen die **Graudünen**. Hier haben sich schon die ersten Flechten und Moose angesiedelt. Aus den abgestorbenen Pflanzen bildet sich der erste Humus und gibt dem Boden die graue Färbung.

Noch weiter hinten stehen die **Braundünen**. Hier wachsen viele Sträucher und Heidekräuter und der Boden ist durch den angesammelten Humus bräunlich gefärbt. Zwischen den Braundünen liegen oft sehr **feuchte Dünentäler**, in denen kleine Moore mit seltenen Pflanzen entstehen.

Braundüne

Expedition in die Natur | 85

Der Strandhafer

Der Strandhafer ist eine der wichtigsten Pflanzen der Dünen. Er hat ein besonders reich verzweigtes Wurzelwerk und es macht ihm nichts aus, wenn er vom Sand überdeckt wird. Dann wächst er einfach wieder heraus. Außerdem hat er besonders feste und steife Blätter, damit sie bei Sturm nicht abknicken und die fliegenden Sandkörner dem Blatt nicht schaden können. Um wandernde Dünen aufzuhalten, wird meist Strandhafer gepflanzt.

Das dichte Wurzelwerk hält den losen Sand fest.

Die Wanderdüne

Gefürchtet sind die Wanderdünen. Hier schaffen es die Pflanzen nicht, den Sand festzuhalten. Der Wind pustet die Sandkörner immer weiter. Sie können über 100 Meter hoch werden, an der Nord- und Ostsee aber nur zwischen 40 und 50 Meter. Bekannt ist die Wanderdüne bei Leba in Polen. Sie wandert im Jahr circa zwölf Meter nach Osten und begräbt alles unter sich, was ihr im Weg steht, so auch das Dorf Laczka.

Wichtig zu wissen!

Dünen sind sehr empfindliche Lebensräume. Wird die Pflanzendecke zerstört, kann der Wind den Sand wieder wegblasen und tiefe Schneisen in die Dünen schlagen. Deshalb ist es in den meisten Dünengebieten verboten, von den Wegen abzugehen, weil die Fußtritte sonst die Pflanzen kaputt machen.

86 Expedition in die Natur

Wie kommt das Salz ins Meer?

Dass Meerwasser salzig ist, schmeckst du spätestens nach dem ersten Bad im Meer. Das Salz stammt aus den Gesteinen der Erdkruste und wurde im Laufe der Jahrmillionen vom Regen und den Flüssen ins Meer gespült. Wie viel Salz im Wasser steckt, kannst du mit einem kleinen Experiment feststellen:

Mach mit!

Du holst dir einen Liter Meerwasser und lässt es zum Beispiel auf einem Backblech verdunsten – am schnellsten geht das, wenn du das Blech einfach in die Sonne stellst. Übrig bleibt Salz – und das kannst du wiegen! Im Schnitt enthält ein Liter Meerwasser 35 Gramm Salz. In der Nordsee ist es etwas weniger, weil es durch das viele Süßwasser von Elbe, Weser und Rhein etwas verdünnt wird. Auch im Winter ist es geringer, weil nicht so viel Wasser verdunstet. In der Ostsee ist der Salzgehalt noch geringer, weil es nur eine schmale Verbindung zur salzigen Nordsee gibt. So sind es in der westlichen Ostsee bei Dänemark nur 9 bis 17 Gramm Salz und bei Finnland nur noch drei bis fünf Gramm.

Mach mit!

Weißt du, wie ein Schneckenhaus von innen aussieht? Vielleicht hast du ja mal ein zerbrochenes Gehäuse gefunden, an dem du die schönen Windungen sehen konntest. Wenn nicht, kannst du selbst ein Schneckenhaus bis zur Mitte abschleifen. Dafür brauchst du nur ein Stück möglichst grobes Schleifpapier. Zur Not geht es auch an einer Betonplatte. Fang erst mal mit kleinen Schneckenhäusern an, damit geht es einfacher als mit einer dicken Wellhornschnecke. Du kannst auch eine Schnur durch die Windungen fädeln und hast einen wunderschönen Schmuck.

Expedition in die Natur : 87

Mach mit!

Im Spülsaum findest du die interessantesten Dinge. Von Muscheln, Schnecken, Federn bis zu schönen Holzstücken oder Steinen. Damit du dich an deiner Sammlung auch zu Hause erfreuen kannst, bastelst du am besten ein schönes Mobile daraus. Am einfachsten ist es, wenn du am Strand einen verzweigten Ast findest oder ein Stück Fischernetz, an das du deine Fundstücke hängst. Dann kannst du beim Einschlafen immer an den schönen Urlaub denken und davon träumen.

Mach mit!

Mit einem kleinen Experiment kannst du die Filterleistung von Miesmuscheln leicht feststellen. Wenn du ein paar lebende Miesmuscheln findest, lege sie in einen Eimer oder ein Einmachglas mit Meerwasser. Bald wirst du sehen, wie sich die Muschelschalen leicht öffnen. Sie beginnen das Wasser durchzufiltern. Jetzt trübe das Wasser, zum Beispiel mit einem Löffel feinem Schlick. Stelle zum Vergleich ein zweites Glas mit getrübtem Wasser ohne Muscheln daneben. Schon nach ein bis zwei Stunden wirst du einen deutlichen Unterschied zwischen den Gläsern sehen. Das Wasser mit den Muscheln ist viel klarer.

Helgoland – Felsküste im Meer

Alle Küsten an der deutschen Nord- und Ostsee sind aus Sand, Dünen oder Salzwiesen. Es gibt nur eine Ausnahme – Helgoland. Mitten in der deutschen Bucht ragt Deutschlands einzige Hochseeinsel senkrecht aus dem Meer. Es ist eine Felseninsel, mit circa 50 Meter hohen Klippen. Hier findest du ganz andere Tier- und Pflanzenarten als im Watt und am Strand.

Besonders beeindruckend ist der Vogelfelsen. Im Frühling sitzen hier Tausende Dreizehenmöwen und Trottellummen dicht an dicht und veranstalten ein lautstarkes Spektakel. Sie brüten auf den schmalen Felsbändern. Kaum zu glauben, dass die Nester und Eier nicht herunterfallen.

Trottellummen, Basstölpel und selbst Dreizehenmöwen brüten auf schmalsten Felsbändern auf dem Vogelfelsen auf Helgoland.

Auch unter Wasser sieht es ganz anders aus. Hier können viele verschiedene Tangarten wachsen, weil sie sich mit ihren Wurzeln an den Felsen festheften können. Im sogenannten Felswatt bleiben bei Niedrigwasser

Expedition in die Natur

viele Tümpel zurück, in denen sich Schnecken, Seeanemonen, Krebse oder sogar Seesterne und Seeigel wohlfühlen. Auf Helgoland steht das Felswatt unter Schutz, aber in Nordfrankreich, England oder Norwegen gibt es viele Felsküsten, die du erkunden kannst. Aber Vorsicht, durch die Algen ist es dort extrem rutschig und die Felsen sind oft sehr spitz.

Dicht an dicht: Trottellummen

Lummensprung
Mitte Juni gibt es abends ein besonderes Ereignis auf Helgoland, den Lummensprung. Die erst drei Wochen alten Trottellummen werden von ihren Eltern ins Wasser gelockt, weil sie ihre Jungen dort besser füttern können. Die noch flugunfähigen Jungen müssen sich also 30 bis 40 Meter in die Tiefe stürzen. Doch dank ihrer dichten Federn und ihrem Knochenbau überleben sie den Sturz, selbst wenn sie zu kurz springen und nicht ins Wasser, sondern vorher auf die Felsen fallen.

Nur an Land ein Tölpel
Der größte und eleganteste Vogel der Felsen ist der Basstölpel. Er brütet erst seit etwa 20 Jahren auf Helgoland, trotzdem sind es schon rund 500 Brutpaare. Mit seinen langen, schmalen Flügeln ist er ein toller Flieger. Zur Nahrungssuche fliegt er leicht 100 Kilometer weit.

Besonders die Jagd des Basstölpels nach Fischen ist sehr eindrucksvoll. Denn mit angelegten Flügeln stürzt er sich aus 20 bis 30 Meter Höhe wie ein Pfeil senkrecht ins Wasser. Beim Eintauchen ist er fast 100 Stundenkilometer schnell.

Ostsee

Die Ostsee ist ein sehr junges Meer. Sie ist erst nach der letzten Eiszeit vor etwa 12 000 Jahren entstanden, als der riesige Eispanzer über Skandinavien abgeschmolzen ist. Die Ostsee hatte nicht immer eine Verbindung zur Nordsee. Zweimal war sie für rund 2 000 Jahre ein riesiger Süßwassersee. Erst seit 5 000 v. Chr. gibt es eine ständige Verbindung zur Nordsee und damit leicht salziges Wasser. Eine weitere Besonderheit ist, dass sich der Meeresboden ganz langsam hebt. Während der Eiszeit hat der circa drei Kilometer dicke Eispanzer über Skandinavien die Erdkruste in den Erdmantel gedrückt. Nachdem das Eis geschmolzen ist, hebt sich die Erdkruste wieder. Am Anfang waren das bis zu sieben Zentimeter im Jahr, aber auch heute ist es in der nördlichen Ostsee noch fast ein Zentimeter jährlich.

Im Norden reicht die Nordsee etwa bis zur Höhe der Shetland-Inseln. Die Ostsee hat nur eine schmale Verbindung zur Nordsee.

Bodden und Haff

Am Südrand der Ostsee gibt es nahe der Küste flache Gewässer, die Bodden oder Haff genannt werden. Früher waren das Buchten der Ostsee. Doch durch Wind und Meeresströmungen haben sich an der westlichen Seite der Buchten lange Sandnehrungen, also kleine Landzungen gebildet, bis sie das andere Ende der Bucht erreicht haben. So wurden die meisten Buchten vom Meer abgetrennt oder haben nur noch eine schmale Verbindung.

Expedition in die Natur | 91

Das Ostseegold

Dieses Wort hörst du an der Ostsee immer wieder. Aber richtiges Gold ist es nicht, sondern Bernstein. Der ist vor 10 bis 60 Millionen Jahren entstanden, als in Nordeuropa ein großer Wald stand. Und wo Bäume stehen, gibt es auch Baumharz. Ein Teil des Baumharzes ist damals über einen großen Fluss in ein Meer gelangt, ungefähr da wo heute die südliche Ostsee liegt. Im Laufe der Zeit ist das Harz versteinert und es wurde Bernstein daraus. Heute wird dieser ab und zu wieder freigespült und gelangt mit den Wellen an den Strand. Besonders nach Stürmen lohnt es sich, am Strand danach zu suchen. Auch in der Nordsee kannst du Bernstein finden.

Bernstein gibt es in vielen verschiedenen Farbschattierungen.

Besonders wertvoll und spannend sind Steine, in denen Tiere oder Pflanzenteile eingeschlossen wurden. Oft sind Insekten in dem klebrigen Harz stecken geblieben, aber man hat auch schon kleine Eidechsen darin gefunden.

Schau genau!

Manche Steine leuchten so gelb wie ein Bernstein. Um herauszufinden, ob du einen Bernstein oder einen normalen Stein hast, gibt es verschiedene Methoden. Tick den vermeintlichen Bernstein leicht gegen deine Zähne. Ist es ein Stein, macht es deutlich „klick", bei Bernstein dagegen ein dumpfes „klock". Du kannst auch die Feuerprobe machen, denn Bernstein brennt. Diese Probe aber bitte nur mit Erwachsenen durchführen!

Hier blieb ein Skorpion im Harz kleben.

92 Register

Schnelle Suche mit Stichwörtern

A

Alpenstrandläufer 67
Auster, Pazifische 41
Austernfischer 62

B

Bachvogel, Großer 64
Basstölpel 89
Bäumchenröhren-
   wurm 51
Bernstein 91
Blanker Hans 82
Blasentang 12
Blättermoostier-
   chen 14
Bodden 90
Bohrmuschel,
   Weiße 40
Brackwassermeer 9
Brandgans 72
Braunalgen 13
Braundünen 84

D

Darmtang 11
Dünen 84

E

Ebbe 7
Eiderente 71
Einsiedlerkrebs 26

F

Federwindrad 79
Feuerqualle 54
Fingertang 13
Flut 7

G

Garnele 27
Gezeiten 8, 80
Gezeitenzone 8
Graudünen 84

H

Haff 90
Halligen 82
Halligflieder 23
Helgoland 88
Herzmuschel 34
Hochwasserlinie 8

K

Kegelrobbe 74
Knutt 69
Kompassqualle 52
Kormoran 57
Kotpillenwurm 48
Krabbe 25
Küstenschutz 9, 85
Küstenseeschwalbe 61

L

Lachmöwe 60
Lahnungen 83

M

Meeresleuchten 78
Meerfenchel 16
Meersalat 10
Meersenf 18
Miesmuschel 33
Mischwatt 76

N

Nesselqualle, Gelbe 54
Nipptide 80
Niedrigwasserlinie 8

Register 93

Nordsee 9
Nordseegarnele 27

O
Ohrenqualle 53
Ostsee 9, 90
Ostseegold 91

P
Pantoffelschnecke 46
Pfeffermuschel, Große 36
Pfuhlschnepfe 65
Plattmuschel, Baltische 35
Portulak-Keilmelde 20
Priel 8, 82

Q
Queller 16

R
Rasenringelwurm 50
Ringelgans 73
Robben 74
Rotschenkel 66

S
Säbelschnäbler 63

Sanderling 68
Sandklaffmuschel 38
Sandregenpfeifer 70
Sandwatt 76
Salzwiese 8
Schlickgras 17
Schlickkrebs 28
Schlickwatt 76
Schwertmuschel, Amerikanische 39
Seegras, Gewöhnliches 15
Seehund 75
Seenelke 56
Seepocke, Gemeine 30
Seeringelwurm 49
Seestachelbeere 55
Seestern, Gemeiner 32
Silbermöwe 59
Springtide 80
Strand-Aster 22
Strand-Beifuß 21
Strandflieder 23
Strandfloh 29
Strand-Grasnelke 24
Strandhafer 85
Strandkrabbe 25
Strand-Milchkraut 19

Strand-Salzmelde 20
Strandschnecke, Flache 43
Strandschnecke, Gemeine 42
Strandschnecke, Stumpfe 43
Strandseeigel, Kleiner 31
Sturmflut 82
Sturmmöwe 58

T
Tidenhub 81
Trogmuschel, Feste 37
Trottellumme 88

W
Wanderdüne 85
Warft 82
Watt 8, 47, 76
Wattboden 77
Wattenmeer 78
Wattschnecke 44
Wattwanderung 77
Wattwurm 47
Weißdünen 84
Wellhornschnecke 45

Spannende Reisen in die Natur

Je 96 Seiten, zahlreiche Abbildungen | Je €/D 8,99

kosmos.de   Preisänderungen vorbehalten

Mit Sternkarte und nachtleuchtenden Stickern

Justina Engelmann
Mein erstes Unterwegs zum Sternegucken
96 S., ca. 300 Abb., €/D 14,99

Den großen Wagen kennt jeder, aber weißt du auch, wo der Orion am Himmel steht? Mit der drehbaren Sternkarte lassen sich die Sternbilder mühelos entdecken und auf den Entdeckerseiten eintragen. Extraseiten bieten jede Menge einprägsames Zusatzwissen für kleine Hobbyastronomen.

Bärbel Oftring
Mein erstes Unterwegs in meinem Garten
96 S., 240 Abb., €/D 13,99

Wenn dich im Frühling die ersten Sonnenstrahlen in der Nase kitzeln, dann nichts wie rein in die Gummistiefel und raus in den Garten! Töpfe mit Erde füllen, Samen anziehen, Beete vorbereiten und pflegen; verschiedene Kräuter anbauen und eigene Erdbeeren oder Himbeeren pflanzen. Ein richtiges Gartenbuch für kleine und große Gärtner! Ein jahreszeitlicher Überblick zeigt klar, was du wann im Garten machst und was du tun kannst, wenn es mal nicht wächst.

Anita van Saan
Mein erstes Unterwegs auf Spurensuche
96 S., ca. 300 Abb., €/D 12,99

Einen Dachs bei der Futtersuche, eine Rosengallwespe beim Schlüpfen oder eine Weinbergschnecke bei der Eiablage beobachten? Mit den richtigen Tipps und Tricks kannst du diese und viele andere Entdeckungen machen. Mit diesem Buch bist du für Expeditionen in die Natur bestens ausgerüstet und wirst ganz schnell zum perfekten Fährtenleser!

Stumpfe Strandschnecke Seite 43
Wattschnecke Seite 44
Wellhornschnecke Seite 45

Kotpillenwurm Seite 48
Seeringelwurm Seite 49
Rasenringelwurm Seite 50

Feuerqualle oder Gelbe Nesselqualle Seite 54
Seestachelbeere Seite 55
Seenelke Seite 56

Silbermöwe Seite 59
Lachmöwe Seite 60
Küstenseeschwalbe Seite 61

Pfuhlschnepfe Seite 65
Rotschenkel Seite 66
Alpenstrandläufer Seite 67

Eiderente Seite 71
Brandgans Seite 72
Ringelgans Seite 73